INHALT

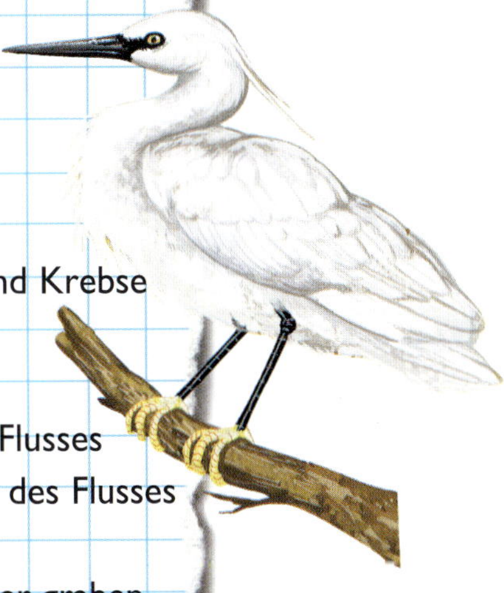

4

Ensslin Naturführer

Am Fluss

Text: Christian BOUCHARDY

ENSSLIN

Inhalt

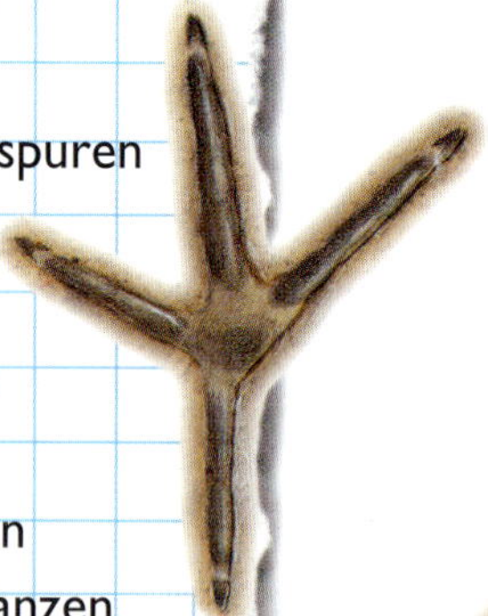

Vor dem Ausflug

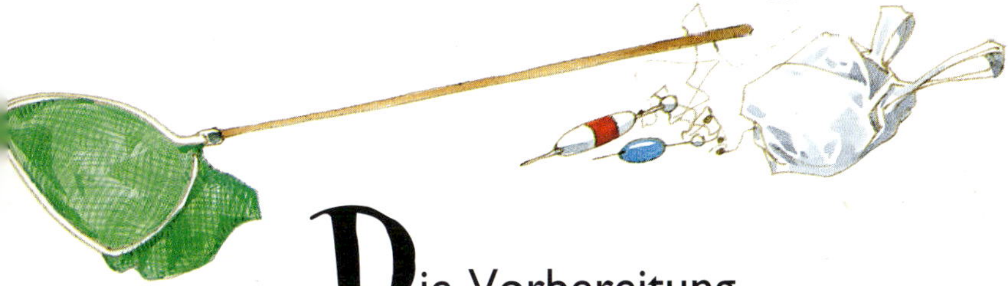

Die Vorbereitung für einen Ausflug hängt davon ab, wohin man fährt: ans Meer, ins Gebirge, in den Wald oder an einen Fluss. Für jedes Ziel musst du andere Vorbereitungen treffen und benötigst eine etwas andere Ausrüstung.

Du musst dir auch überlegen, wie du dein Ausflugsziel erreichst.

Die Ausrüstung

Es gibt wohl kaum etwas Ärgerlicheres, als bei der Ankunft am Ziel festzustellen, dass man etwas Wichtiges vergessen hat, und deshalb vielleicht eine gute Gelegenheit zu verpassen, ein Tier zu beobachten oder eine andere spannende Sache zu erleben. So kann es z. B. passieren, dass du von weitem siehst, wie ein Tier gerade den Fluss überquert. Wenn du aber dein Fernglas vergessen hast, kannst du nicht erkennen, ob es ein Fischotter, eine Bisamratte oder eine Nutria ist.

Grundausrüstung

- ☐ Hut oder Mütze
- ☐ Regenmantel oder Anorak, falls es regnet
- ☐ Sonnenbrille
- ☐ Karte im Maßstab 1:25 000
- ☐ Streichhölzer oder Feuerzeug
- ☐ Wasserflasche (1 Liter für 2 Personen)
- ☐ Imbiss und Süßigkeiten
- ☐ Fotoapparat mit Film (200 ASA)
- ☐ Plastikbeutel für Abfälle
- ☐ kleiner Rucksack

Ausrüstung für den Naturforscher

- ☐ Kompass
- ☐ Lupe
- ☐ Schachtel für Insekten
- ☐ verschiedene kleine Behälter (Fläschchen, Filmdosen, Pralinenschachteln ...)
- ☐ Taschenlampe
- ☐ Taschenmesser
- ☐ kleine durchsichtige Plastiktüten
- ☐ kleines Notizbuch
- ☐ Bleistift und Radiergummi
- ☐ Fernglas
- ☐ Wanderstab
- ☐ Bindfaden
- ☐ Bestimmungsbuch
- ☐ Gips zum Ausgießen
- ☐ Kartonstreifen und Büroklammern
- ☐ Weste mit Taschen, damit das kleine Zubehör griffbereit ist
- ☐ Metermaß
- ☐ Tarnnetz

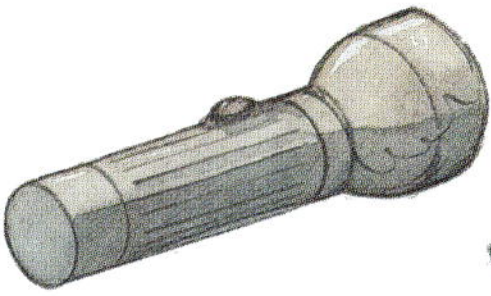

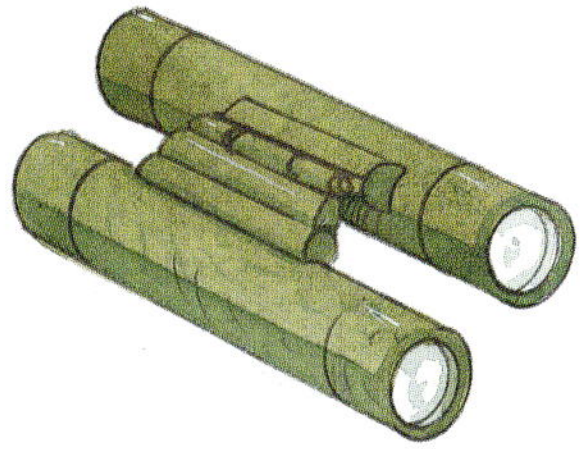

EINE WESTE MIT VIELEN TASCHEN

Vor allem für Vergessliche ist sie sehr nützlich; außerdem sparst du Zeit, wenn du wichtigere Gegenstände wie Messer, Notizheft, Bleistift, Lampe und Fernglas in einer Tasche ständig bei dir trägst: Im Ernstfall kannst du dann innerhalb weniger Sekunden reagieren. Größere Gegenstände verstaust du ordentlich im Rucksack, der rechtzeitig vor dem Aufbruch gepackt sein sollte.

EINE GUTE IDEE

Um nichts zu vergessen, fotokopierst du am besten diese Doppelseite mit der Ausrüstung und dem Material. Vor jedem Ausflug hakst du auf einer Fotokopie ab, was du schon eingepackt hast; so bleibt dieses Buch schön sauber.

VOR DEM AUSFLUG 4
BEOBACHTEN UND ENTDECKEN 20
SPIELEN UND BASTELN 46
TIERE ERKENNEN 60

Das Material

Ein altes Sprichwort sagt, dass ein Handwerker so gut wie sein Werkzeug ist. Das kann man auch von einem Naturforscher behaupten. Für seine Ausrüstung braucht er keine teuren Apparate, aber sie muss ihren Zweck gut erfüllen.

Utensilien für die Arbeit am Fluss

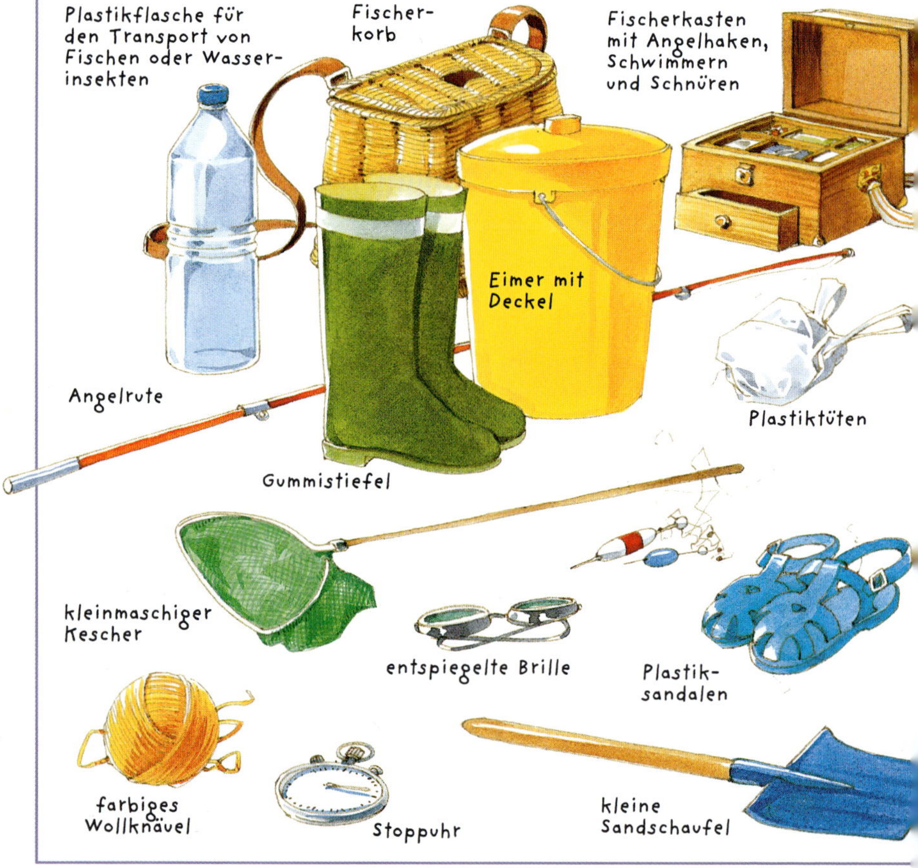

ABGUSS VON SPUREN

Du brauchst 500 Gramm weißen, schnell härtenden Gips und Kartonstreifen, die 25 cm lang und 4 cm hoch sein sollten. Lege einen Kartonstreifen kreisförmig um einen Spurenabdruck, indem du die beiden Enden des Kartonstreifens mit einer Büroklammer zusammenheftest. Am Fluss gibt es genügend Wasser, um den Gips so anzumischen, dass er nicht zu flüssig wird, aber trotzdem gut den Spurenabdruck ausfüllt.

FÜR DIE FERNSICHT

Ein Naturforscher braucht unbedingt ein Fernglas. Seine idealen Maße sind 8 x 30 bis 8 x 50. Eine 8fache Vergrößerung reicht im Allgemeinen aus; mit einem noch stärkeren Fernglas erkennt man z. B. kleine Vögel, die sich unablässig bewegen, nur noch mit Mühe. Je stärker ein Fernglas oder Teleskop ist, desto ruhiger musst du es halten, wenn du gut sehen willst. Das Teleskop wird am besten auf einem Stativ befestigt.

DER FOTOAPPARAT

Mit einem gewöhnlichen Apparat ohne Teleobjektiv kann man kaum gelungene Aufnahmen von kleinen Motiven wie Fußabdrücken oder winzigen Tieren machen. Für den Anfang gibt es aber heute schon recht gute Apparate mit einem kleinen Zoom und eingebautem Blitzlicht. Gutes Fotogerät ist meist nicht billig.

Wohin aufbrechen?

Die Zeit, die du vor dem Aufbruch mit dem Studium der Karten verbringst, ist nie verloren. Wenn du unvorbereitet losfährst, kann es passieren, dass du nach langer Anfahrt an einen ganz uninteressanten Ort gelangst: ein verpatzter Ausflug!

Die Wahl des Ziels

Es gibt wohl kaum etwas Leichteres, als einen Fluss auf einer Karte zu finden. Als Nächstes suchst du eine Brücke, auf der die Straße über den Fluss führt. Häufig gibt es in der Nähe von Brücken auch Parkmöglichkeiten. Dann brauchst du nur noch dem Weg am Flussufer zu folgen, um einen schönen Platz für ein Picknick zu finden.

MORGENSTUNDE HAT GOLD IM MUNDE

Viele Wanderer brechen am späten Vormittag auf, um mit einem Picknick zu beginnen, oder gleich nach dem Mittagessen, wenn alle unterwegs sind. Echte Naturforscher brechen schon frühmorgens auf, was unvergleichlich besser ist: Auf den Wegen gibt es noch kein Gedränge und viele nachtaktive Tiere sind noch unterwegs, bevor sie in ihren Unterschlüpfen verschwinden. Ihre frischen Spuren wurden noch nicht von anderen Wanderern zertreten.

ZWEI KARTEN BENÜTZEN

Jeder Ausflug besteht in der Regel aus zwei Teilen: der langen Anreise mit dem Auto und der Wanderung am Zielort über eine kürzere Entfernung. Deshalb benützt du am besten zwei Karten mit verschiedenem Maßstab. Eine Straßenkarte weist dir den Weg zum Ausflugsort, eine topografische Karte im Maßstab 1:25 hilft dir mit vielen Details dich dort zurechtzufinden.

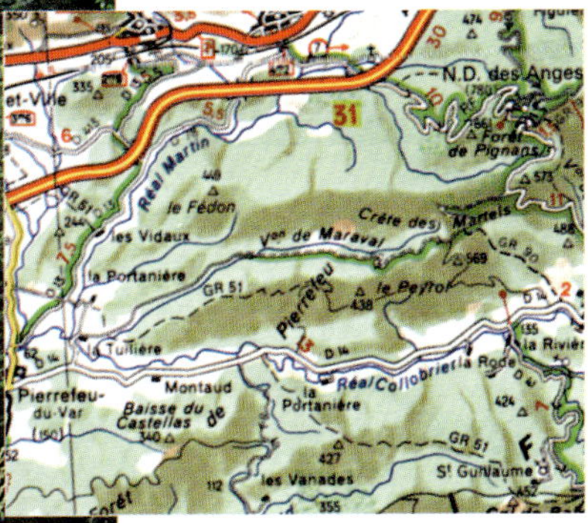

Die Straßenkarte hat meist einen Maßstab von 1:200 000. Das bedeutet, dass 1 cm auf der Karte 2 km im Gelände entspricht.

Zum Wandern benötigst du eine andere Karte, zum Beispiel im Maßstab von 1:25 000. 1 cm entspricht hier 250 m.

Das Wetter

Es lebe das schlechte Wetter! Wer neugierig ist und ein echter Naturfreund, nutzt jede Gelegenheit für einen Ausflug. Zu welcher Jahreszeit auch immer und gleichgültig, ob es regnet, schneit oder die Sonne scheint: Es gibt immer etwas Interessantes zu beobachten. Oft genug macht man gerade bei schlechtem Wetter die schönsten Beobachtungen. Am Fluss sind wenig Menschen unterwegs und die Geräusche von Wind und Regen überdecken unseren eigenen Lärm.

Wettervorhersage

Vor jedem Ausflug in die Natur solltest du dich nach dem Wetter erkundigen; geht es an einen Fluss, ist das besonders wichtig. Denn regnet es flussaufwärts stark, gibt es vielleicht flussabwärts, wo noch schönes Wetter herrscht, unerwartet Hochwasser. Wird eine Schleuse geöffnet, steigt das Wasser sehr schnell an. Daher ist große Vorsicht geboten. Besondere Schilder weisen auf die Gefahr rasch steigenden Wassers hin.

WO ERFÄHRST DU ETWAS ÜBER DAS WETTER?

Es gibt mehrere sehr einfache Möglichkeiten, um dich über das Wetter für die nächsten Tage zu informieren: Du lauschst dem Wetterbericht im Radio oder siehst ihn dir im Fernsehen oder Internet an oder aber du rufst entweder die Zeitung am Ort oder den nächsten Wetterdienst an.

Man sollte weder Zelt noch Auto allzu lange aus dem Blick verlieren, wenn sie direkt am Flussufer abgestellt wurden. Besser ist es, eine erhöhte Stelle außerhalb der Reichweite eines möglichen Hochwassers zu wählen.

Auf dieser Luftaufnahme einer Schleuse sieht man deutlich, welche gewaltige Wassermenge von der großen Staumauer zurückgehalten wird, während der Fluss dahinter harmlos erscheint. Man kann sich kaum vorstellen, wie schnell der Wasserspiegel im Fluss steigt, wenn die Schleuse geöffnet wird, und wie gefährlich das werden kann.

Die passende Jahreszeit

Alle Jahreszeiten eignen sich für einen Ausflug an einen Fluss. Bedenke aber, welchen Wasserstand und welche Wassertemperatur du gerade antriffst und welche Tiere du zu dieser Jahreszeit beobachten kannst (durchziehende oder überwinternde).

Die 4 Jahreszeiten eines Flusses

• Im Sommer ist der Wasserstand sehr niedrig. Im Fluss gibt es viele Sandbänke und du findest leicht Spuren. Du gelangst mühelos überall hin und hast sichere Stellen, um den Fluss zu durchqueren und ans andere Ufer zu gelangen.

• Im Herbst steigen die Forellen zum Laichen den Fluss hinauf. Du kannst beobachten, wie sie gegen den Strom kämpfen und kleine Wasserfälle überspringen. Zahlreiche Zugvögel folgen während ihrer langen Reise den Flüssen.

• Im Winter ist es ein herrliches Vergnügen, Tierspuren im Schnee zu verfolgen. Du siehst genau, wo die Tiere entlanggelaufen sind, und findest mühelos den Bau oder Unterschlupf, in dem sie sich verbergen.

• Im Frühjahr lebt die Natur auf: Frösche und Kröten versammeln sich zum Laichen, die Nattern brechen zur Jagd auf, die Vögel bauen ihre Nester und die Fische schwimmen wieder lebhafter …

SICH IM ZUHÖREN ÜBEN

Es gibt im Handel Kassetten oder CDs mit Vogelgesang. Einige sind nach Vogelfamilien geordnet, andere nach dem natürlichen Lebensraum. Während der Fahrt im Auto kannst du üben den Gesang der Arten zu erkennen, die du während des Ausflugs möglicherweise hörst. Hast du den Gesang eines Vogels gerade erst im Auto gehört, darfst du sicher sein, dass du ihn kurz darauf in der Natur wieder erkennst. Mit einem kleinen Tonbandgerät kannst du im Gelände selbst Vogelstimmen aufnehmen.

Tiere beobachten

Die Sinne der Tiere sind entwickelter als unsere: Säugetiere haben einen sehr feinen Geruchssinn, Vögel sehen sehr weit und Fische nehmen die geringste Erschütterung wahr. Im Vergleich dazu sind unsere Sinne stumpf: Das müssen wir mit List ausgleichen.

Entspiegeln

Wegen der Reflexe auf einer glitzernden Wasserfläche können wir weder Flussgrund noch Fische sehen; aber mit Hilfe einer entspiegelten Brille wird ein großer Teil dieser Reflexe ausgeschaltet. Nach dem gleichen Prinzip wirken auch entspiegelte Filter, die auf das Objektiv von Fotoapparaten oder Kameras gesetzt werden.

Geduld und Zurückhaltung

Selbst wenn du dich nicht auf die Lauer legst, kannst du oft schon Tiere beobachten. Dazu sind nur einige einfache, wirksame Regeln zu beachten: still und unbeweglich stehen bleiben, Kleidung in gedeckten Farben tragen, sich an einen Baum oder hinter einen Busch stellen, damit der Umriss mit der Umgebung verschmilzt, und sehr geduldig sein.

Das beste Mittel: sich auf die Lauer legen

Um so viel wie möglich beobachten zu können, solltest du dich an einer Stelle der Uferböschung auf die Lauer legen, die eine gute Sicht gewährt. Geeignet ist dafür z. B. der äußere Bogen einer Flussschleife, von dem aus du weit nach rechts und links schauen kannst. Wenn du keinen passenden Unterstand aus Stoff hast, kannst du dir mit Ästen, Farnen, Ginster und vielleicht sogar einem Tarnnetz mühelos einen solchen bauen.

ACHTUNG, DEIN SCHATTEN!

Wenn du behutsam am Flussufer entlanggeht und die Bäume hinter dir hast, bleiben die Fische sehr wahrscheinlich ruhig, denn sie unterscheiden deinen Umriss nicht von dem der Bäume; sobald aber dein Schatten auf sie fällt, fliehen sie auf der Stelle.

AUF LEISEN SOHLEN

Fische spüren schon die kleinsten Erschütterungen, weil sie vom Wasser gut übertragen werden. Wenn du am Flussufer entlanggehst, solltest du deine Füße behutsam aufsetzen und nicht fest mit den Fersen auftreten.

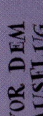

VOR DEM AUSFLUG 4
BEOBACHTEN UND ENTDECKEN 20
SPIELEN UND BASTELN 46
TIERE ERKENNEN 60

Wohin schauen?

Ein guter Beobachter behält Wasser, Sand und Schlamm gleichzeitig im Blick; ebenso die Steine, die im Fluss aus dem Wasser ragen, sowie die Grasbüschel, Wurzeln und Bäume am Flussufer.

AN DER WASSEROBERFLÄCHE

Bei kleinen Flüssen, die nicht schnell fließen, solltest du aufmerksam die Steine beobachten, die aus dem Wasser ragen: Zwergtaucher und Bachstelzen lassen sich gerne darauf nieder.

IM SAND

Sehr interessant sind auch mit Sand, Schlamm und kleinem Kies bedeckte Uferbänke. Hier entdeckst du die meisten Spuren oft über lange Strecken hinweg. Ebenso sind all die Vögel zu beobachten, die am Boden nisten wie Flussregenpfeifer und Uferschwalbe.

BÄUME AM UFER

Sie bieten einer großen Zahl von Vögeln wie Häher und Reiher, aber auch Säugetieren wie Gartenschläfer, Eichhörnchen und Marder Unterschlupf. Natürlich kannst du in den Bäumen auch viele Vogelnester entdecken.

AN DER UFERBÖSCHUNG

Sehr wichtig für die Tiere ist die mehr oder weniger steile Uferböschung, der Bereich, wo Wasser und Erde zusammentreffen. In den Gräsern und Büschen tummeln sich Libellen und allerlei Insekten. Der Eisvogel nistet gleich über dem Wasser, der Zwergtaucher baut sein Nest in einem Fels oder Baum. Kröten, Frösche und Nattern ruhen am Wasserrand am Boden oder im Gras. Weiter oben an der Uferböschung befindet sich der Bau der Uferschwalbe.

VOR DEM AUSFLUG 4
BEOBACHTEN UND ENTDECKEN 20
SPIELEN UND BASTELN 46
TIERE ERKENNEN 60

Beobachten und entdecken

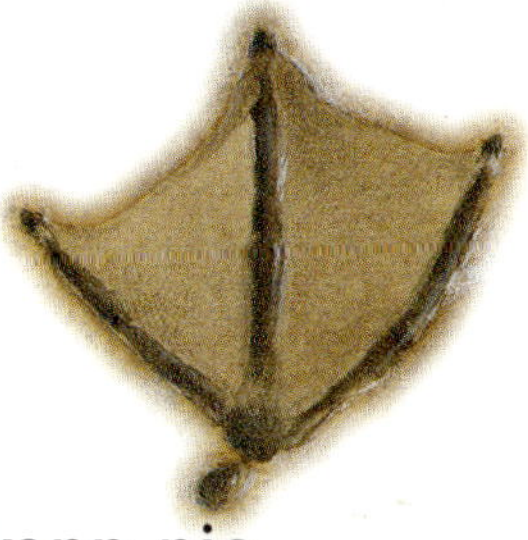

Man kann nie vorhersagen, welche Beobachtungen man bei einem Ausflug machen wird; aber wenn du die Natur ein bisschen kennst und ein gutes Bestimmungsbuch dabeihast, dürfte es ziemlich sicher sein, dass du mancherlei entdeckst: vor allem Tierspuren und natürlich viele Pflanzen, die sich ja nicht verbergen können.

Die Tiere des Flusses

Nicht alle Tiere an einem Fluss sind in gleicher Weise vom Wasser abhängig. Man unterscheidet drei große Gruppen:

- **Tiere, die dauerhaft im Wasser leben: Fische, Weichtiere, Krebstiere und Würmer;**
- **Tiere, die ihr Leben teils im Wasser, teils auf dem Festland verbringen: Insekten und Amphibien;**
- **Tiere, die ihre Nahrung aus dem Wasser holen, aber auf dem Festland leben: Vögel, Säugetiere und Reptilien.**

Schlangen sind Reptilien. Ihre trockene Haut ist mit Schuppen bedeckt, aber sie haben keine Beine. Sie schwimmen im Wasser, auf der Erde kriechen sie.

Bei den Säugetieren ist der Körper mit einem Haarkleid bedeckt: Sie laufen und schwimmen.

Der Körper der Fische ist mit Schuppen bedeckt. Sie besitzen Flossen und schwimmen.

Die meisten Würmer sind Ringelwürmer, denn ihr Körper besteht aus vielen Ringen. Einige vergraben sich im Schlamm, andere machen sich an Steinen fest.

Krebstiere haben einen gegliederten Körper, eine starre Haut sowie Beine und Fühler; die meisten sind Wasserbewohner.

Vögel haben Federn und Flügel, mit denen sie fliegen; einige schwimmen und tauchen.

Einige Insekten leben als Larven im Wasser. Wenn sie ausgewachsen sind, haben sie Flügel und können fliegen (z. B. die Libelle).

Amphibien haben eine feuchte Haut und Beine; sie können sich im Wasser und an Land fortbewegen.

Weichtiere haben einen weichen, von einer Schale geschützten Körper. Sie kriechen am Wassergrund oder auf Steinen.

Fußabdrücke

Es ist unmöglich, alle Tiere zu beobachten, die am Flussufer leben. Sie verbergen sich, sobald du dich näherst, und viele sind nur nachts aktiv. Um herauszubekommen, ob sie an einem bestimmten Platz leben, musst du nach ihren Fußspuren Ausschau halten.

Wo und wann sucht man Spuren?

Die beste Zeit, um Fußspuren am Ufer zu suchen, ist kurz nach einem Hochwasser, wenn der Wasserspiegel wieder gefallen ist. Dann sind die Sandbänke noch ganz „frisch“ und genügend feucht und weich, sodass auch der leichteste Tritt eine Spur hinterlässt.

Iltis ▶

Seine Fußabdrücke zeigen fünf Zehen: Die vier oberen sind fächerförmig, der große Zeh sitzt dagegen tiefer. Die Abdrücke sind 3 bis 4 cm lang und 2,5 bis 3,5 cm breit.

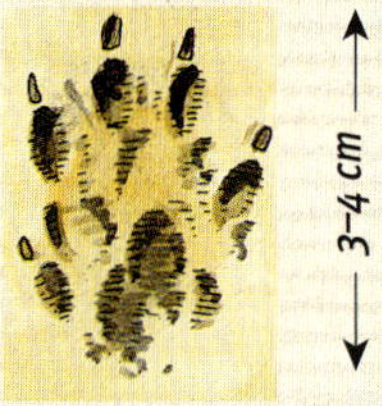

Nerz ▶

Seine Fußabdrücke ähneln stark denen des Iltis, aber Europäischer Nerz und Amerikanischer Nerz (beide leben auch in Europa) haben Schwimmfüße: Eine Schwimmhaut verbindet die fünf Zehen.

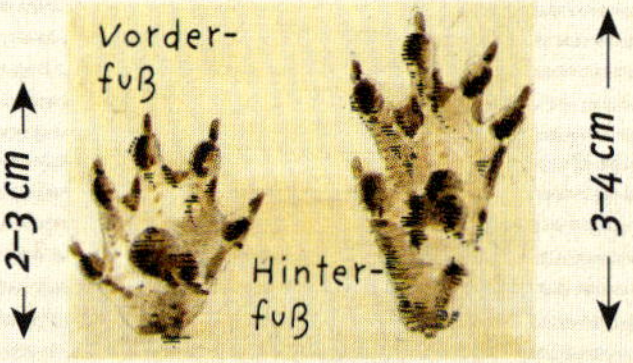

Bisamratte ▶

Ihre Spuren sind sternförmig und leicht zu erkennen, weil die fünf Zehen deutlich von den im Schlamm gut sichtbaren Krallen verlängert werden. Der Vorderfuß ist kreisförmig mit einem Durchmesser von 3,5 cm; der Hinterfuß ist 7 cm lang und 5 cm breit.

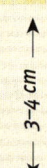

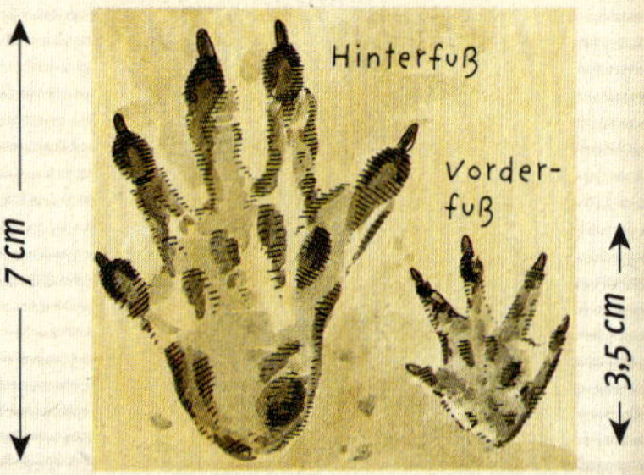

Sumpfbiber (Nutria) ▶

Die Fußabdrücke des Sumpfbibers mit fünf fächerförmigen, von starken Krallen verlängerten Zehen ähneln denen der Bisamratte. Aber sie sind größer: 6 cm lang und 4 cm breit der Vorderfuß und 11 cm lang und 8 cm breit der Hinterfuß. Und noch einen Unterschied gibt es: An den Hinterfüßen des Sumpfbibers sitzen nur an vier Zehen Schwimmhäute.

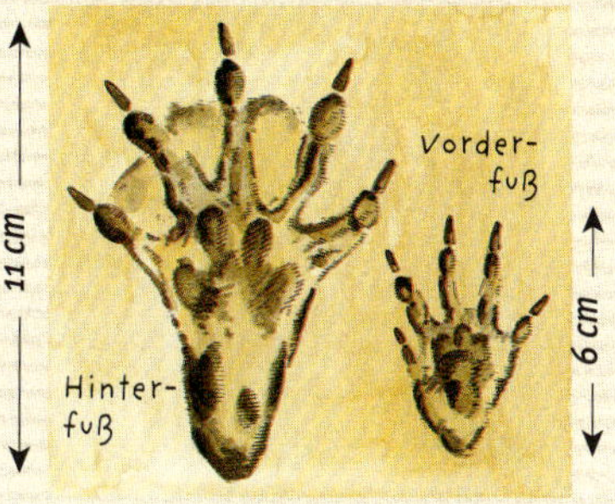

Fischotter ▶

Seine Fußabdrücke sind runder als die des Sumpfbibers, denn nur selten hinterlassen die Krallen einen Abdruck. Die fünf runden Zehen sind fächerförmig um das Fußgewölbe angeordnet. Der Vorderfuß beschreibt einen im Durchmesser 6 cm großen Kreis, der Hinterfuß ist wegen des Absatzes länger (7 bis 8 cm).

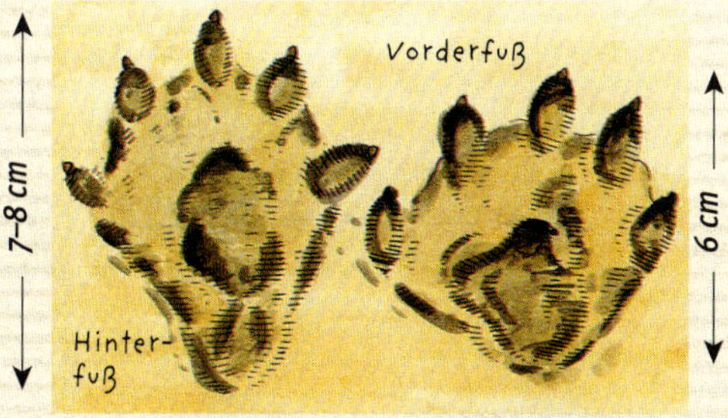

Biber ▶

Mit 3,5 cm Länge und 4,5 cm Breite ist sein Vorderfuß relativ klein, aber sein Hinterfuß ist der größte, den man am Flussufer findet: 15 cm lang und 10 cm breit, mit Schwimmhäuten an allen fünf Zehen.

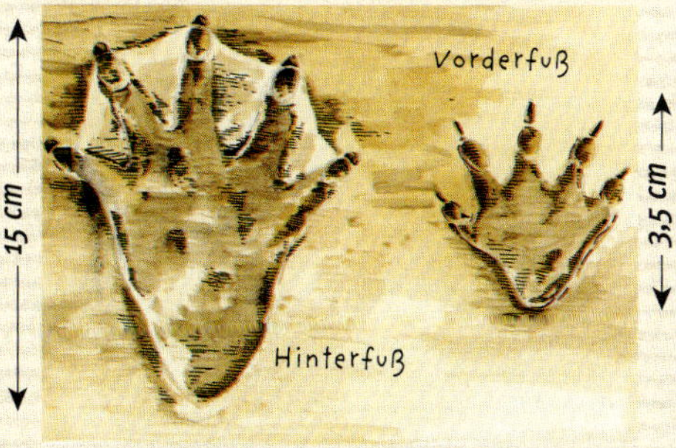

Wasserspitzmaus ▶

Ihre Fußabdrücke lassen sich mit denen der Wasserwühlmaus vergleichen, allerdings hat sie an jedem Fuß fünf Zehen, während die Wühlmaus vorn vier und hinten fünf Zehen besitzt.

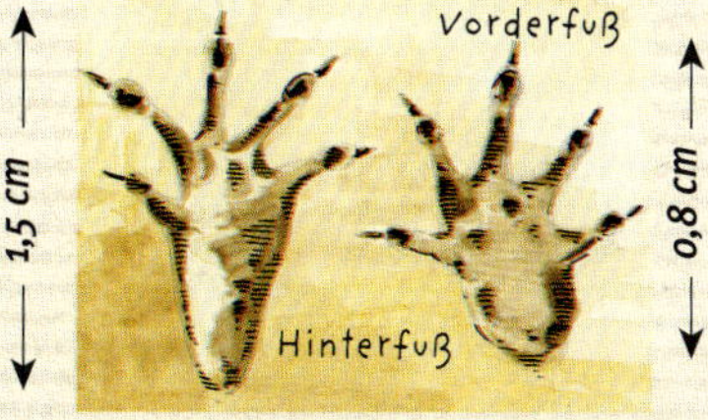

Besuch am Fluss: Tierspuren

Das Flussufer eignet sich sehr gut zum Entdecken von Fußabdrücken. Viele Tiere kommen zum Trinken hierher, außerdem benutzen sie es als Weg. Die Spuren, die du hier findest, stammen von vielerlei Tieren, nicht alle sind Wasserbewohner.

◀ Fuchs

Seine Fußabdrücke zeigen vier Zehen an jedem Fuß. Sie messen 5 cm in der Länge und 4 cm in der Breite. Die beiden Zehen in der Mitte sitzen so hoch, dass du einen Strich darunter ziehen kannst, ohne die Spitze der beiden Seitenfinger zu berühren, die darunter sitzen.

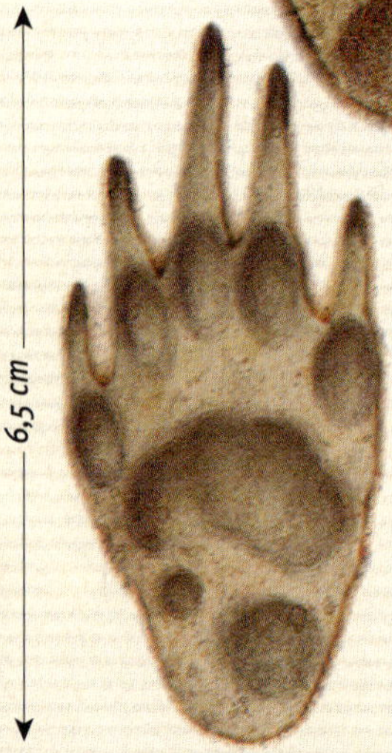

◀ Dachs

Seine Spur, 5 bis 7 cm hoch und 4,5 cm breit, ähnelt ein wenig der des Fischotters, allerdings sind seine Zehen nicht fächerförmig angeordnet, sondern befinden sich fast auf gleicher Höhe; außerdem besitzen sie große Krallen, die bei Fußabdrücken oft zu sehen sind.

◀ Marder

Er läuft oft an Flüssen entlang. Dort kann man seine Spuren mit fünf Zehen sehen, die 4 bis 5 cm lang und 3 bis 4 cm breit sind. Es fällt auf, dass der große Zeh viel tiefer als die vier anderen Zehen auf der Höhe des Fußgewölbes sitzt.

Reh ▶

Die Spur seiner Hufe im Sand des Flussufers, wohin es zum Trinken kommt, ist leicht zu erkennen. Der Fußabdruck misst 4,5 cm in der Länge und 3 cm in der Breite. Wenn es springt, stehen die beiden Zangen weiter auseinander und es kommt vor, dass die kleinen Klauen, die ziemlich hoch am Fuß ansetzen, sich im weichen Boden abzeichnen. Im Gegensatz zum Wildschwein liegen die Spuren dieser kleinen Zehen in der Abdruckachse.

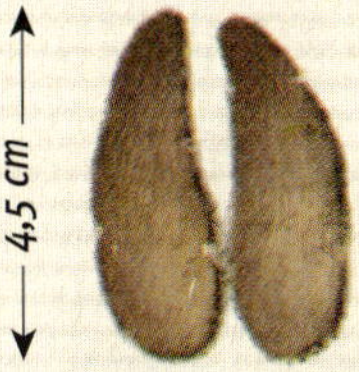

Wildschwein ▶

Zusätzlich zu den beiden Hufen, die 4 bis 6 cm in der Länge und 4 bis 5 cm in der Breite messen, erkennt man fast immer die Klauen, deren Spuren hinten zu jeder Seite der beiden Vorderzehen zu sehen sind. Das Wildschwein kommt oft ans Wasser, denn es wälzt sich gerne im Schlamm. Diese Stellen werden als „Suhlen“ bezeichnet.

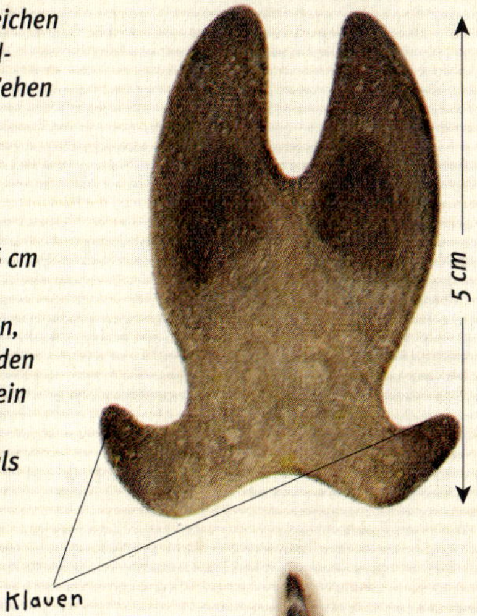

Graureiher ▶

Der häufig am Flussufer zu erblickende Fußabdruck des Graureihers ist wegen seiner Größe bemerkenswert: Er ist über 7 cm lang und zeigt vier Zehen: drei fächerförmig angeordnet und darunter der große Zeh.

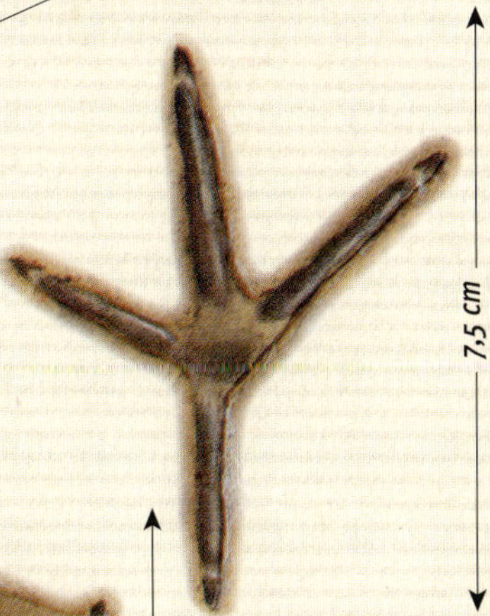

Stockente ▶

Die Stockente hat einen sehr typischen Fußabdruck: drei Zehen, verbunden mit einer gut sichtbaren Schwimmhaut. Der Fußabdruck ist ungefähr 5 cm lang. Hinten sieht man einen runden kleinen Zeh, der nicht einmal 1 cm lang ist.

4 VOR DEM AUSFLUG
20 BEOBACHTEN UND ENTDECKEN
46 SPIELEN UND BASTELN
60 TIERE ERKENNEN

Wildwechsel

Wildwechsel sind Pfade, die durch Tiere entstehen, weil sie immer den gleichen Weg nehmen. An einem Fluss werden drei Wildwechseltypen unterschieden: Der erste verläuft parallel zum Ufer, der zweite folgt den Flusswindungen und der dritte verläuft quer zum Flussufer.

Keine unnötigen Anstrengungen

Bestimmte Tiere wie der Fischotter bewegen sich schwimmend durch ihr Territorium. Schwimmt er mit dem Strom, braucht er sich nur von der Strömung tragen zu lassen, aber gegen den Strom ist das Schwimmen sehr viel mühsamer.
Um den Weg abzukürzen, verlässt er das Wasser und läuft in gerader Linie über Land. Der Fischotter ist auf diese Art des Wildwechsels spezialisiert.

Ein Fischotter schwimmt stromabwärts.

Weg des Fischotters stromaufwärts

Ein richtiger Boulevard

Am häufigsten sind die Wildwechsel entlang des Ufers. Weil mehrere verschiedene Tiere sie benützen, ist es oft nicht leicht, zu erkennen, wer hier unterwegs war. Am besten identifizierst du einen Wildwechsel, indem du die Fußspuren genau betrachtest und ihre Abmessungen begutachtest.

Quer zum Fluss verlaufende Wildwechsel

Viele kleine Wildwechsel sind nur wenige Meter lang. Hier kommen Tiere vorbei, die keine großen Entfernungen zurücklegen, sondern mit einer bestimmten Tätigkeit beschäftigt sind: der Biber, der von seiner Burg zu einem Baum läuft, den er gerade bearbeitet, oder aber die Bisamratte, die das Wasser verlässt, um in einem nahen Maisfeld zu fressen.

VOR DEM AUSFLUG 4
BEOBACHTEN UND ENTDECKEN 20
SPIELEN UND BASTELN 46
TIERE ERKENNEN 60

Erdbauten

Viele wasserbewohnende Säugetiere legen ihren Bau am Ufer an; der Eingang liegt aus Sicherheitsgründen unter dem Wasserspiegel. Bei niedrigem Wasserstand erkennt man diese Löcher mühelos. Wenn du wissen willst, welches Tier eine Höhle bewohnt, musst du den Durchmesser des Eingangs messen.

Wasserratte ▶

Sie hat den kleinsten Bau: Der Eingang beträgt ungefähr 5 cm im Durchmesser. Am Ende der ungefähr 1 m langen Galerie befindet sich das mit trockenen Gräsern gefüllte Nest. Oft sieht man kleine Kothäufchen am Eingang.

Wanderratte ▶

Der Eingang ihrer Höhle misst 10 cm im Durchmesser. Er befindet sich oft unter einem Stein oder zwischen Baumwurzeln am Ufer. Die Wanderratte findet auch in den Kellern der Wohnhäuser Unterschlupf.

Bisamratte ▶

In Teichen, in denen sie sich keinen Bau in die Erde graben kann, errichtet sie sich für den Winter eine Schilfburg. Am Flussufer bewohnt sie dagegen das ganze Jahr über eine im Durchmesser 15 bis 25 cm große Röhre. Der Eingang zur Höhle liegt meist unter dem Wasserspiegel. Jeder Bau besteht aus mehreren Kammern und einem ganzen Netz von Galerien, das sich manchmal über dutzende von Metern unter dem Flussufer ausdehnt.

Sumpfbiber (Nutria) ▶

Er bewohnt das ganze Jahr über einen in einer Sackgasse endenden Bau, der 2 bis 3 m tief liegt. Dem im Durchmesser 30 bis 50 cm großen Eingang, entweder knapp über dem Wasserspiegel gelegen oder halb im Wasser, ist oft ein regelrechter Graben vorgelagert. Gelegentlich benutzt der Sumpfbiber auch den leeren Bau eines Fischotters.

Unterschlüpfe

Neben ihrem Bau benutzen wasserbewohnende Säugetiere auch Unterschlüpfe, um sich darin auszuruhen, wenn sie unterwegs sind. Sie befinden sich unter Steinen, unter am Flussufer umgestürzten Bäumen oder ganz einfach in einem hohen Grasbüschel. Siehst du genau hin, erkennst du die Körperform des Tiers, welches das Gras flach gedrückt und eine kleine Höhle gegraben hat, als es sich hinlegte.

Von weitem ...

... und von nah

4 Vor dem Ausflug
20 Beobachten und Entdecken
46 Spielen und Basteln
60 Tiere erkennen

Die Arbeit des Bibers

Der Biber ist ein echter Baukünstler. Von allen Tieren am Fluss ist er der mit Abstand geschickteste. Wenn er Bäume fällt, geschieht das nicht nur, um sich zu ernähren, sondern auch, um Staudämme und Burgen zu bauen.

Ein Holz fällender Feinschmecker

Obwohl man es oft vermutet – der Biber ernährt sich nicht von Holz, sondern von Blättern und Rinden; ein Menü, das er um köstliche Wasserpflanzen bereichert. Doch leider hängen die Blätter hoch oben; um an sie zu gelangen, fällt er Bäume.

Wenn der Biber schwimmt, sind von ihm nur Rücken und Schwanz zu sehen. Bei der kleinsten Störung taucht er unter und benutzt ihn als Ruder.

Gut getarnter Eingang

In seiner Burg aus Zweigen bringt der Biber seine Jungen in einem gut verborgenen Nest auf die Welt. Meist liegt der Zugang ins Innere der Burg unter dem Wasserspiegel, aber der verändert sich in einem Fluss unablässig. Um zu verhindern, dass der Zugang im Trockenen liegt und damit Räubern leicht zugänglich ist, baut der Biber unterhalb der Burg einen Staudamm: Der Wasserspiegel steigt und der Eingang bleibt unter Wasser.

Ein sehr geschickter Baumeister

Für den Bau der Burg und des Staudamms benötigt der Biber viel Holz. Meistens fällt er kleine Bäume, die er anschließend in Äste und Stücke zerlegt, damit er sie schwimmend zur Baustelle befördern kann. Fällt er einen dickeren Baum (einige haben einen Durchmesser von mehr als 60 cm), behält er nur die Äste und lässt den Baumstamm liegen. Aber auch er wird noch benötigt: Von seiner Rinde ernährt sich der Biber.

Leicht erkennbar

Die Arbeit des Bibers ist unübertrefflich. Ein von ihm gefällter Baum ist leicht zu erkennen: Er hat ihn rundum mit seinen großen Schneidezähnen abgenagt, die so gut wie das Werkzeug eines Tischlers schneiden. Man sagt, er schneidet die Bäume bleistiftförmig, weil der zurückbleibende Baumstumpf spitz ist.

Der Kot

Säugetiere haben ein Territorium, das sie mit Hilfe ihres Kots markieren und abgrenzen. Das wird als territoriale Markierung bezeichnet. Am Fluss fällt die Suche nach diesem Kot leichter als im Feld oder Wald, denn er befindet sich meistens an der Grenze zwischen Wasser und Erde im Bereich des Ufersaums.

Erkennungszeichen

Verlassen wasserbewohnende Säugetiere einen Fluss, um das Ufer zu erklimmen, markieren sie gewöhnlich ihr Territorium. In diesem Fall kann man Kot und Fußspuren gleichzeitig beobachten, was eine recht sichere Methode zum Bestimmen des Tiers ist.

Wasserratte ▶

Ihr Kot ist klein wie ein Reiskorn und er ist grün oder schwarz. Oft liegt er als Haufen mitten im Gras.

Bisamratte ▶

Ihr brauner oder schwarzer Kot ist so groß wie ein Olivenkern und sieht auch so aus. Oft legt sie ihn in einem Haufen auf Grasbüschel, Felsen, ins Wasser ragende Baumstümpfe oder oben auf ihrer Burg ab.

Sumpfbiber (Nutria) ▶

Sein Kot ist gurkenförmig und 3 bis 4 cm lang. Er ist grün oder schwarz und oft längs gestreift. Der Kot des Sumpfbibers ist meistens am Ufer zu finden, und zwar dort, wo das Nagetier aus dem Wasser gekommen ist.

Iltis ▶

Sein Kot ist meistens gedreht und läuft am Ende spitz zu. Er enthält eine große Anzahl von Resten anderer Tiere: von Fischen, kleinen Säugetieren, Vögeln, Flusskrebsen usw. Er riecht sehr übel und ist 4 bis 5 cm lang.

Nerz ▶

Sein Kot ist weniger, aber regelmäßiger gedreht als der des Iltis und erinnert von weitem an die Asche einer abgebrannten Zigarette. Er ist 4 bis 6 cm lang.

Fischotter ▶

Sein Kot ist für ein 5 bis 10 kg schweres Tier verhältnismäßig klein. Er misst 2 bis 5 cm und besitzt keine fest umrissene Form. Er besteht meistens aus Fischresten, kleinen Froschknochen und Krebspanzern. Das Ganze ist mit einem vom Fischotter abgegebenen Schleim vermischt, der dem Kot einen leichten Geruch von Flachsöl verleiht.

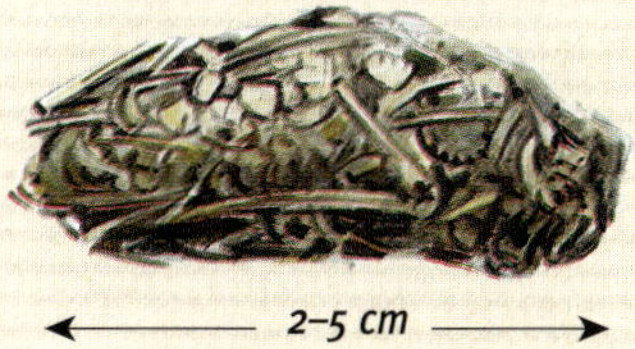

Biber ▶

Sein Kot unterscheidet sich beträchtlich von dem anderer Tiere, denn er enthält Pflanzenfasern. Er ähnelt einer abgeflachten Kugel voller kleiner Rindenriemen. Er ist sehr leicht.

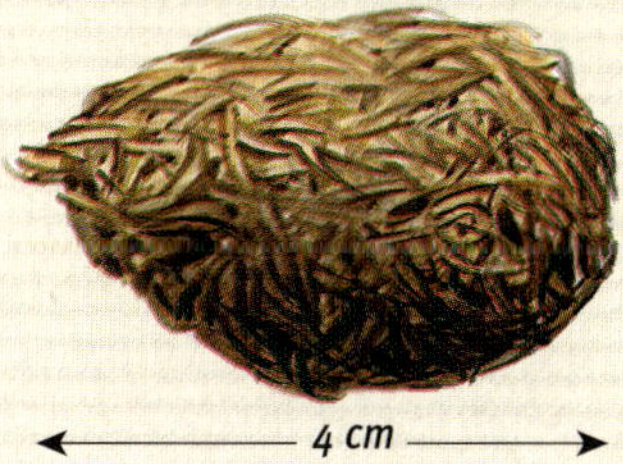

VORSICHT!

Man sollte Kot nie mit der bloßen Hand berühren, denn er kann für den Menschen gefährliche Schmarotzer enthalten. Auch wenn man sich danach die Hände wäscht, kann es passieren, dass winzig kleine Eier wie zum Beispiel die des Bandwurms haften bleiben und man sie beim Essen schluckt. Also: Hände weg vom Kot der Tiere!

Gewölle und Schuppen

Die häufigsten Überreste von Tieren sind Gewölle und Schuppen. Mit einer guten Lupe und etwas Geduld erfährst du sehr viel über diese Tiere, selbst wenn du sie nicht siehst.

Gewölle

Ein Gewölle ist eine kleine, von Vögeln durch den Schnabel ausgestoßene Kugel. Sie enthält alle Beuteüberreste, die nicht verdaubar waren: Haare, Federn, Gräten, Schuppen und Knochenstücke. Zwar sind Raubvögel Spezialisten dieser Art von Verdauung, aber nicht nur sie produzieren Gewölle: auch Eisvogel, Zwergtaucher und Reiher verdauen auf diese Weise.

Zwergtaucher ▶

Mit einer Länge von nur 5 mm ist das Gewölle des Zwergtauchers winzig klein. Es enthält viele kleine Teile von Wasserinsekten wie Beine, Flügel, Panzer oder Fühler. Man findet es auf Steinen im Fluss.

Eisvogel ▶

Das Gewölle des Eisvogels ist größer (5 bis 10 mm) als das des Zwergtauchers und auch heller. Es enthält die knochigen Reste kleiner Fische wie Kiefer, Rückgrat, Gräten usw. Man findet viel davon am Eingang zu seinem Nest und in der Höhle.

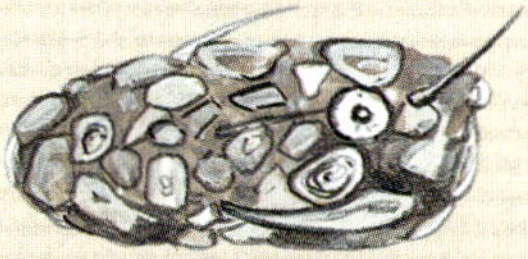

Graureiher ▶

Das Gewölle des Graureihers ist sehr viel dicker (3 bis 4 cm) und es enthält oft eine große Anzahl von Resten: den Knorpel von Fischen natürlich, aber auch die Haare kleiner Säugetiere und Vogelfedern.

Schuppen

Im Gegensatz zu den Reptilien häuten sich Fische nicht, wechseln also, wenn sie wachsen, nicht die Haut. Sie sind mit Schuppen bedeckt, die sie ihr ganzes Leben lang behalten: Deshalb müssen diese Schuppen mitwachsen.

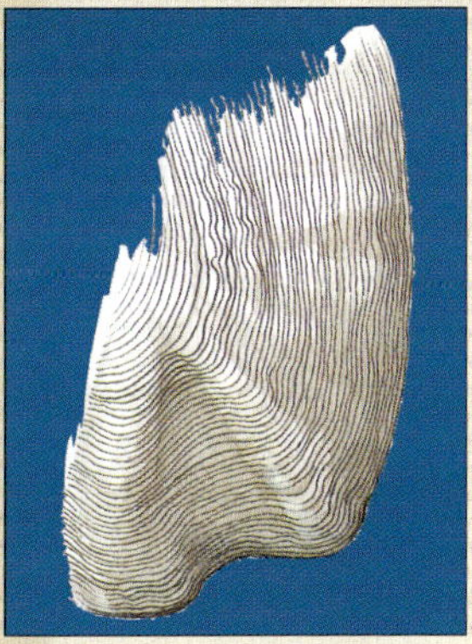

Betrachtet man eine Schuppe mit der Lupe oder unter dem Mikroskop, so stellt man fest, dass sie aus zahlreichen Linien besteht, die immer größere Kreise um die Mitte bilden. Das sind die Wachstumsringe. Jedes Jahr wächst der Fisch und seine Schuppen vergrößern sich, indem ein neuer Ring dazuwächst. Zählt man die Anzahl der Ringe, weiß man, wie alt der Fisch ist. (Die gleiche Erscheinung kann man auch bei Bäumen beobachten, bei denen der Stamm ebenfalls in Jahresringen wächst.)

Die Schuppen sind wie Dachziegel angebracht: Sie überlappen sich vom Kopf zum Schwanz hin. Das bedeutet einen besonders guten Schutz für den Fisch und auch das Wasser gleitet besser über seinen Körper.

DREI SCHUPPENARTEN

Betrachte die Schuppen, die du am Flussufer findest, dann kannst du dank ihrer Merkmale oft die Fische bestimmen, von denen sie stammen.

Forelle: *Ihre Schuppe ist oval, die Kreise verteilen sich um die Mitte herum.*

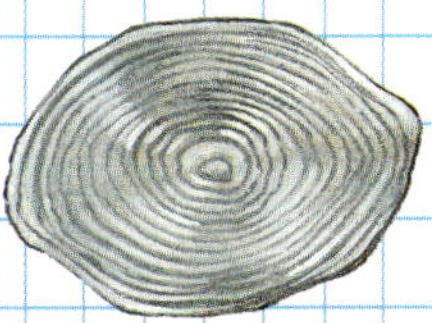

Döbel: *Seine schildförmige Schuppe weist Streifen auf, die von der Mitte zum Rand verlaufen und die Wachstumsringe schneiden.*

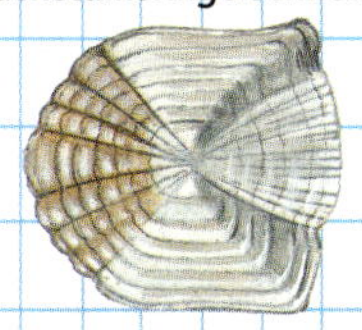

Barsch: *Seine Schuppe erkennst du leicht, denn auf der einen Seite weist sie kleine Punkte, auf der anderen Lappen auf.*

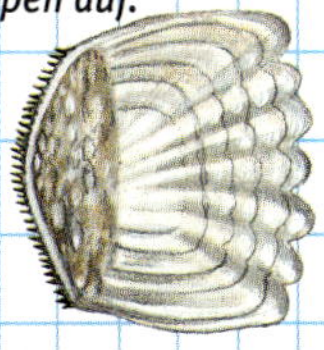

4 VOR DEM AUSFLUG
20 BEOBACHTEN UND ENTDECKEN
46 SPIELEN UND BASTELN
60 TIERE ERKENNEN

Die Standorte der Pflanzen

Wie die Pflanzen am Fluss und am Ufer wachsen, ist nicht dem Zufall überlassen. Von der Mitte des Wasserlaufs bis hin zum Ufer siehst du Blumen, Büsche und Bäume, die mehr oder weniger tief im Wasser stehen.

Vom Wasser zum festen Boden

Es werden vier große Pflanzensorten unterschieden: Pflanzen, die völlig unter Wasser wachsen; andere, deren Wurzeln und unterer Stängelteil sich im Wasser befinden, deren oberer Teil jedoch aus dem Wasser ragt; Pflanzen, die am Ufer in direktem Kontakt mit dem Fluss wachsen, und schließlich Pflanzen, die am Ufer wachsen und nur bei Hochwasser im Wasser stehen. Bei den beiden ersten Kategorien handelt es sich um Wasserpflanzen, bei den beiden zuletzt genannten meistens um Büsche und Bäume.

MOOSE UND ALGEN

Zusätzlich zu den gut sichtbaren Pflanzen gibt es im Wasser Moose und Algen, die man nur schwer erkennt. Sie geben den Steinen, auf denen sie wachsen, ihre grüne oder braune Farbe.

FLUSS ODER SEE?

Je größer ein Fluss ist und je langsamer er fließt, desto mehr erinnert die Vegetation im Wasser und am Ufer an die eines Sees. Schilf z. B. wächst sehr üppig an Seen, aber es kommt auch an Flüssen vor, und zwar dort, wo ein Fluss ruhig dahinfließt und das Ufer flach ist.

VERSCHMUTZUNG

Es ist kein gutes Zeichen, wenn du eine große Zahl fasriger grüner Algen siehst, vor allem in einem Bach oder kleinen Fluss, in dem es normalerweise nicht viel davon gibt. Wuchern sie üppig, zeugt das von starker Verschmutzung, denn diese Pflanzen gedeihen gut, wenn es zu viele Abfälle und Reste von Stoffen wie Phosphat im Fluss gibt.

VOR DEM AUSFLUG 4
BEOBACHTEN UND ENTDECKEN 20
SPIELEN UND BASTELN 46
TIERE ERKENNEN 60

Wasserpflanzen

Pflanzen, die auf dem Grund eines Gewässers wurzeln und vom Wasser bedeckt sind, nennt man Wasserpflanzen. Oft schwimmen einige Blätter oder Blüten an der Wasseroberfläche.

Kanadische Wasserpest

Sie stammt aus Nordamerika und wurde vor 150 Jahren nach Europa gebracht. Seither findet man sie in praktisch allen Flüssen. Sie mag klares Wasser und hat lange, mit einer Vielzahl kleiner, ovaler Blätter besetzte Stängel. Die weiß-rosa Blüte ist klein.

Schwimmendes Laichkraut

Ihr Stängel ist 1 bis 2,50 m lang. Sie besitzt zwei Arten von Blättern: Die am Ende des Stängels an der Wasseroberfläche schwimmenden sind oval und groß, während die ständig unter Wasser befindlichen feiner und spitzer sind, um der Strömung weniger Widerstand zu bieten.

Schwimmender Hahnenfuß

Er besitzt einen mehrere Meter langen Stängel, der von der Strömung gewiegt wird. Seine Blätter sind lang, fein, streifenförmig und sie sitzen am ganzen Stängel. Zu Sommerbeginn kann man hunderte von Blüten bewundern, mit denen die Wasserfläche übersät ist.

Die Füße im Wasser

Am Flussufer findest du Sumpfpflanzen, die im Wasser stehen und bei Hochwasser völlig davon bedeckt sind. Die bekanntesten sind Schilfrohr und Rohrkolben. Du solltest sie nicht verwechseln, auch wenn beide oft irrtümlich als Schilf bezeichnet werden.

Rohrkolben ▶

Er hat einen hohen, starren Stängel und lange, aufgerichtete Blätter. Auffallend ist der dicke, braune, spindelförmige Kolben. Er besteht aus einer Ansammlung von tausenden von kleinen weiblichen Blüten, die aufplatzen und mit dem Wind davonfliegen.

◀ **Schwertlilie**

Sie hat prachtvolle gelbe Blüten, die das Flussufer schmücken. Auch die Binse ist zu erwähnen, deren feine, straußförmig gedrängte Stängel 10 bis 80 cm hoch werden.

Schilfrohr ▶

Auch das Schilfrohr besitzt einen sehr hohen Stängel und lange, spitze Blätter. An Stelle des Kolbens schmückt es ein herrlicher, 30 bis 40 cm hoher Federwisch, der sich im zartesten Windzug wiegt.

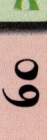

4 VOR DEM AUSFLUG
20 BEOBACHTEN UND ENTDECKEN
46 SPIELEN UND BASTELN
60 TIERE ERKENNEN

Die Bäume am Ufer

Um die Bäume an der Uferböschung zu bestimmen, musst du vor allem auf drei Punkte achten: allgemeines Aussehen (klein, groß, breit, gerade), Beschaffenheit des Stamms (glatt, rau, farbig) und Blattform (rund, oval, lang, mit glattem oder gezacktem Rand, mit sichtbarer Rippung oder ohne ...).

◀ Schwarzerle

Dieser Baum mit dunkelbraunem Stamm, an dem eine große Zahl feiner Äste ansetzt, ist eher zierlich. Die beidseitig grünen Blätter sind leicht gezackt und mühelos zu bestimmen, denn sie laufen am Ende leicht stumpf bzw. herzförmig zu. Die männlichen Blüten sind lange grüne Kätzchen, die gelb-rot werden, wenn sie blühen. Die weiblichen Blüten bilden rotbraune ovale Kugeln, die sich öffnen und lange am Baum bleiben.

Schwarzpappel ▶

Ihr grauschwarzer, rauer, rissiger Stamm trägt zahlreiche, unregelmäßig geformte Äste. Die beidseitig grünen Blätter sind unten breit und oben spitz, also dreieckig. Ihr Rand ist leicht gezackt. Die Blüten sitzen in gelben und roten Kätzchen, die von den Astenden herabhängen.

Salweide ▶

Die leicht gezackten Blätter sind 7 cm lang und zweifarbig. Oben sind sie grün und glänzend, unten dagegen weißgrau und samtig. Wenn der Wind sie bewegt, wirkt der Baum silbrig. Die männlichen und weiblichen Blüten sind lange grüne und gelbe Kätzchen. Der Stamm ist rau und rissig.

◀ **Moorbirke**

Diese sehr feine Birke hat ziemlich große, gezackte, grüne Blätter, die sehr spitz auslaufen. Die männlichen Blüten erscheinen in Form langer, gelber Kätzchen, die weiblichen als ovale Kugeln. Den Stamm bedeckt eine weiß-graue Rinde, die Birkenwäldern selbst im Winter eine schöne Farbe verleiht.

Birke

An der Uferböschung stehen oft große **Pappeln** mit einem geraden Stamm, deren Äste nahe am Stamm nach oben wachsen. Das ist die Pyramidenpappel, die man gern an feuchten Standorten anpflanzt.

KOPFWEIDE

Kopfweiden bilden keine besondere eigene Art. Ihre spezielle Form wird durch den Schnitt der Bäume erreicht. Man stutzt die Äste radikal, sodass sich über dem Stamm eine dicke Kugel bildet, aus der jedes Jahr neue Äste sprießen.

VOR DEM AUSFLUG 4
BEOBACHTEN UND ENTDECKEN 20
SPIELEN UND BASTELN 46
TIERE ERKENNEN 60

Nützliche Bäume am Fluss

Die Bäume, die die Flüsse säumen, spielen eine enorm wichtige Rolle. Ihre Wurzeln durchdringen die Uferböschung und halten die Erde fest. Stamm und Äste bieten Vögeln und Säugetieren Schutz und Nahrung. Die Bäume wirken wie ein natürlicher Filter, der Schadstoffe wie z. B. Nitrate zurückhält und sie daran hindert, in das Grundwasser oder den Fluss einzudringen.

Feste Uferböschungen

Die Baumwurzeln stärken das Ufer und verhindern, dass die Erde vom Fluss mitgerissen wird. Bei Hochwasser bremst der Wald an der Uferböschung die Strömung und dämmt Überschwemmungen ein.

Ein natürlicher Filter

Immer mehr Produkte wie Dünger und Pestizide werden heute verwendet, um die landwirtschaftlichen Erträge zu steigern. Wenn es regnet, dringen diese Stoffe in das Grundwasser und in die Flüsse ein. Hier spielen die Pflanzen die Rolle eines natürlichen Filters, der verhindert, dass diese Stoffe ins Wasser gelangen. Das ist eine günstige, wirksame Methode, um das Wasser zu schützen.

Bäume für die Fische

Man hat herausgefunden, dass Fische von Bäumen gesäumte Flüsse ganz besonders schätzen. Um ihren Räubern zu entkommen, verstecken sie sich in dem ins Wasser ragenden Wurzelwerk. Außerdem sind ihre Eier sehr viel besser geschützt. Da Wurzeln und Steine die Strömung bremsen, entstehen ruhige Zonen, in denen die Fische sich ausruhen können.

DAS FLUSSUFER ALS VERSTECK

Viele Tiere brauchen einen Unterschlupf am Ufer, in dem sie ausruhen, schlafen oder sich fortpflanzen können. Stehen am Flussufer Bäume und Büsche, so sind dort 20-mal mehr Tiere zu beobachten als da, wo ein Fluss nur durch Felder oder Wiesen fließt. Das Geäst der Bäume beherbergt allerlei Vögel und im Gesträuch des Unterholzes verstecken sich gern Fischotter, Frösche oder auch Insekten.

VOR DEM AUSFLUG 4
BEOBACHTEN UND ENTDECKEN 20
SPIELEN UND BASTELN 46
TIERE ERKENNEN 60

Spielen und basteln

Es gibt zwei Arten von Wanderern: Die einen wandern, ohne anzuhalten; sie sehen außer ihren Füßen praktisch nichts.

Die anderen nehmen sich die Zeit, anzuhalten, zu beobachten, zu lauschen oder auch nur, um miteinander Spaß zu haben. Zu welcher der beiden Arten möchtest du gehören?

Picknick

Damit das Picknick am Flussufer angenehm wird, musst du dafür sorgfältig die richtige Stelle auswählen: einen Platz, wo man bequem sitzen kann, nicht zu nahe am Fluss, aber auch nicht zu weit weg. Unter einem schattigen Baum ausruhen und etwas Gutes essen, während man das Wasser plätschern hört – ein unvergessliches Erlebnis.

Bequemlichkeit ist alles

Du solltest einen Platz suchen, von dem aus man einen freien Blick auf Landschaft und Fluss hat und von dem aus man vielleicht auch Tiere beobachten kann, denn das ist das Wichtigste. Bei der Suche nach der richtigen Stelle solltest du auch bedenken: Es isst sich angenehmer, wenn man auf einem leichten Abhang auf einem Stein oder Baumstumpf sitzt statt unbequem auf dem platten Boden mit zusammengedrücktem Bauch.

KLEINE TRICKS

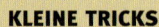

Die Trinkflasche kannst du im Sommer im Fluss kühlen, während man im Winter wohl lieber ein warmes Getränk aus der Thermosflasche trinkt. Das Fernglas solltest du stets griffbereit haben, damit du weder den vorbeifliegenden Eisvogel verpasst noch die Bisamratte, wenn sie aus ihrem Unterschlupf kriecht.

Feuergefahr

Vielleicht möchtest du zum Picknick ein Lagerfeuer haben. Dann solltest du bedenken, dass viele Brände von schlecht gelöschten Feuern verursacht werden. Bevor man aufbricht, muss man sich unbedingt davon überzeugen, dass es völlig gelöscht ist. Es ist ein Irrtum, zu glauben, es reiche schon, die Asche mit Sand zu bedecken. Das Feuer glüht weiter und bricht möglicherweise erst einige Stunden später neu aus. Am besten ist es, überhaupt kein Feuer zu machen. Hinzu kommt, dass es verboten ist, in der freien Natur ohne Erlaubnis ein Feuer zu entzünden. Daran solltest du dich strikt halten!

Gar nicht spaßig, solche Spuren!

Dank mancherlei Hinweisen, die Tiere hinterlassen (Spuren, Kot, Wildwechsel), kannst du erkennen, dass sie hier vorbeikamen. Das Gleiche gilt für den Menschen: eine Bierflasche, eine Schachtel, ein alter Sack mit Angelhaken, eine Babywindel … Solche Spuren hat sicher eine Familie hinterlassen, die keinen Respekt vor der Natur hat. Ein Naturfreund räumt den Ort gründlich auf, bevor er ihn verlässt: Seinen Abfall nimmt er mit nach Hause.

VOR DEM AUSFLUG 4
BEOBACHTEN UND ENTDECKEN 20
SPIELEN UND BASTELN 46
TIERE ERKENNEN 60

Spiele

Ein Fluss bietet vielfältige Gelegenheiten für originelle Spiele, die direkt mit der Bewegung des fließenden Wassers zusammenhängen. Gleich zu Beginn ein Rätsel: Was geht ständig vorüber, verschwindet aber trotzdem nie? Damit ist natürlich der Fluss gemeint, der unablässig flussabwärts fließt, aber dennoch immer da ist.

DIE STRÖMUNGSGESCHWINDIGKEIT BERECHNEN

- *Material: eine Stoppuhr, ein 10 m langer Bindfaden, ein Rechner und ein Holzstück*

- *Dazu müsst ihr zu zweit sein. Ihr stellt euch im Abstand von 10 m voneinander auf; die Entfernung wird mit dem Bindfaden gemessen. Wenn der Erste den Stock ins Wasser fallen lässt, drückt der Zweite auf die Stoppuhr und stoppt, wenn der Stock an ihm vorbeikommt.*
- *Damit wisst ihr, wie viele Sekunden das Holzstück für die 10 m gebraucht hat. Zum Beispiel: Wenn es 10 s für die 10 m braucht, bedeutet das, dass es 1 m in 1 s zurückgelegt hat. 1 h hat 3 600 s: Um die Strömungsgeschwindigkeit für eine Stunde zu erfahren, wird die in 1 s zurückgelegte Entfernung mit 3 600 multipliziert (1 m x 3 600 = 3 600 m oder 3,6 km). Also beträgt die Strömungsgeschwindigkeit 3,6 km/h.*

Ein langsam fließender Fluss hat eine Geschwindigkeit von 25 cm/s oder 1 km/h. Ein schneller Fluss legt dagegen mehr als 1 m/s oder 4 km/h zurück. Ein langsamer Fluss ist also weniger schnell als ein normal gehender Mensch, ein schnell fließender Fluss ist jedoch viel schneller.

Wie stellst du fest, wie tief ein Fluss ist?

Du nimmst den 10 m langen Bindfaden (der schon zum Messen der Strömungsgeschwindigkeit verwendet wurde), machst alle 50 cm einen Knoten mit bunter Wolle darum und bindest an einem Ende einen Stein, am anderen die Angelrute fest. Nun lässt du den Stein auf den Wassergrund gleiten; dabei achtest du darauf, dass der Bindfaden senkrecht bleibt. Lockert sich der Bindfaden, hat der Stein den Grund erreicht. Du kennzeichnest den Wollknoten, der dem Wasserspiel am nächsten ist, und misst die Entfernung zwischen Stein und markiertem Wollknoten.

Baue eine Wassermühle!

Für eine kleine Mühle brauchst du zwei gegabelte Äste, einen Stock, zwei kleine Bretter und einen Bindfaden. Mit dem Faden befestigst du die Bretter an der Stockmitte, sodass ein X entsteht; danach steckst du die beiden Gabeln in den Fluss und legst den Stock darüber. Den Rest erledigt die Strömung.

VOR DEM AUSFLUG 4
BEOBACHTEN UND ENTDECKEN 20
SPIELEN UND BASTELN 46
TIERE ERKENNEN 60

Ist der Fluss sauber?

Wenn man wissen will, ob ein Fluss verschmutzt ist, führt im Allgemeinen ein Fachmann eine Analyse durch. Aber mit einem scharfen Blick kannst du es mühelos selbst herausbringen. Dabei musst du dir vor allem folgende Fragen stellen: Welche Farbe hat das Wasser? Welchen Geruch? Ist der Grund sauber oder voller Schlick? Sind die Steine glitschig? Welche Tiere sehe ich?

Ein sauberer Fluss:

- *Das Wasser ist durchsichtig.*
- *Der Fluss hat keinen besonderen Geruch.*
- *Sand und Steine sind sichtbar.*
- *Hebst du einen Stein hoch, findest du Sand darunter.*
- *Auf dem Flussgrund läufst du gut.*
- *Unter den Steinen gibt es viele kleine Tiere (Larven von Köcherfliegen, Eintagsfliegen).*
- *Du siehst viele Fische.*
- *Die Flussufer sind sauber.*

Ein verschmutzter Fluss:

- *Das Wasser ist trüb.*
- *Der Fluss riecht nach Abwässern.*
- *Der Grund ist mit klebrigem Schlamm bedeckt.*
- *Fasrige Algen bedecken die Steine.*
- *Die Steine sind glitschig; du läufst darauf nur mühsam.*
- *Es gibt wenige Insektenlarven, dafür aber viele Würmer.*
- *Du siehst nur wenige Fische, aber es gibt Kadaver.*
- *Du siehst Abfälle, Plastikflaschen, Stücke von Plastiktüten ...*

IST DAS FLUSSWASSER SAUBER?

Selbst in einem unverschmutzten Fluss gibt es unzählige Mikroben und unsichtbare kleine Tiere, die krank machen können. Diese für das Leben im Fluss unverzichtbaren Mikroorganismen stellen ein notwendiges Glied in der Nahrungskette dar, aber sie sind nicht für den Menschen geeignet. Hinzu kommt, dass Kuhdung das Wasser verschmutzt. Weiter unten, flussabwärts, wirkt alles sauber – ist es aber leider nicht.

4 VOR DEM AUSFLUG
20 BEOBACHTEN UND ENTDECKEN
46 SPIELEN UND BASTELN
60 TIERE ERKENNEN

Wie ein Fluss funktioniert

Nicht alle Flüsse gleichen sich und jeder verändert sich selbst in seinem Lauf. Damit Wasser fließt, benötigt es ein Gefälle. Und je nachdem, ob ein Fluss im Gebirge oder in der Ebene fließt, unterscheiden sich Landschaft und Flussbett. Zwischen Quelle und Meer kann man generell drei große Abschnitte unterscheiden.

Der Gebirgsfluss

Kurz nach der Quelle fließen unzählige Rinnsale zusammen, um einen Sturzbach zu bilden. Das Gefälle ist stark, die Strömung sehr schnell. Den Flussgrund füllen Gesteinsbrocken, Kies und Sand. Es gibt praktisch keine Wasserpflanzen. In sehr engen Tälern schneiden die Flüsse tiefe Schluchten. Das Wasser hat eine Temperatur von 5 bis 10° C und wird selbst im Hochsommer nie wärmer als 20° C.

WINDUNGEN

Willst du die Rolle der Strömung begreifen, dann kannst du beim Beobachten einer Flussschleife sehr viel erfahren. An der äußeren Windung fließt das Wasser schneller, der Fluss greift das Ufer an. Im Inneren der Schleife ist die Strömung schwach, dort deponiert sie feinen Kies, Sand und Schlick.

Der Fluss in den großen Tälern

Zahlreiche Nebenflüsse münden in den Hauptfluss, der immer breiter und tiefer wird. Strömung und Gefälle sind nicht sehr stark. Den Flussgrund bedecken Steine und Kies, die vom Wasser rund geschliffen wurden. An den ruhigeren Stellen wachsen Wasserpflanzen auf feinem Sand und Schlick, der sich dort angesammelt hat. Das Tal wird breiter, das Wasser wärmer: je nach Jahreszeit 12 bis 20° C.

Der Fluss in der Ebene

Hier gibt es fast kein Gefälle mehr. Wenn kein Hochwasser ist, fließt der Fluss langsam durchs Flachland. Es bilden sich Windungen, Inseln und Altwasser, die Teichen ähneln. Der Grund ist voller Schlick. Die durchschnittliche Wassertemperatur beträgt 16° C, im Sommer übersteigt sie oft 20° C.

DER WASSERSPIEGEL BEI HOCHWASSER

Nichts ist veränderlicher als der Wasserstand eines Flusses. Zwischen dem niedrigsten Wasserstand im Sommer und dem höchsten bei Hochwasser liegen oft mehrere Meter. Du brauchst nur die Steine und Felswände am Ufer zu betrachten: Die Bereiche, die oft unter Wasser stehen, und jene, die immer über dem Wasserspiegel liegen, weisen unterschiedliche Farben auf.

4 VOR DEM AUSFLUG
20 BEOBACHTEN UND ENTDECKEN
46 SPIELEN UND BASTELN
60 TIERE ERKENNEN

Schätze sammeln

Eine Wanderung an einem Flussufer entlang bietet viele Gelegenheiten, kleine Tiere oder Gegenstände zu sammeln, die viel interessanter sind, als man auf den ersten Blick meinen möchte. Wasserinsekten finden beim Angeln als Köder Verwendung oder kommen ins Aquarium. Steine und Flintsteine erzählen dir die Geschichte des Flusses.

Ein Geologiebuch

Du brauchst nur einen Blick auf einen Geröllstrand zu werfen, um zu erkennen, dass er sich aus einer Vielzahl verschiedener Steine zusammensetzt. Sie wurden aus den Flussufern gerissen und hunderte von Kilometern vom Fluss mitgerissen. Sie spiegeln die verschiedenen geologischen Schichten, durch die der Fluss fließt. Da liegt z. B. ein Basaltbrocken neben einem Stück Granit, während es rundherum nur Kalksteine gibt.

Ein Geschichtsbuch

Neben den verschiedenen Gesteinsbrocken nimmt der Fluss auch altertümliche Überreste mit und manchmal entdeckt man inmitten von Kies und Sand prähistorische Flintsteine. Das Wasser, das die Flussufer abträgt, zerstört dabei auch einst von Menschen bewohnte Plätze und trägt Reste ihrer Behausungen oder Werkzeuge stromabwärts.

Köder für die Angelrute

Als Köder eignet sich am besten Beute, die die Fische auch sonst jagen: Deshalb solltest du dort nach Wasserinsekten oder kleinen Krebstieren suchen, wo du auch angeln willst. Wasserinsekten kannst du als Larven fangen (Köcherfliegen, Schlickwürmer) oder auch als voll entwickelte Tiere (Fliegen). Im Fluss findest du Bachflohkrebse (kleine Krebstiere) in Hülle und Fülle. In den Wiesen am Flussufer gibt es unzählige Grillen und Heuschrecken, die viele Fische auch sehr mögen.

Larve der Köcherfliege

Bachflohkrebs

Heuschrecke

Regenwurm

EIN UNTERSCHLUPF FÜR DIE KÖCHERFLIEGENLARVE

Die Köcherfliegenlarve wird oft als Holzträger bezeichnet, denn aus Holz und Blättern oder mit Sandkörnern baut sie sich einen Köcher. Die Larve sondert eine klebrige Seide ab, mit der sie diese kleinen Stücke miteinander verbindet. Sie gibt ihnen eine zylindrische Form und verbirgt sich in deren Innerem. Um diesen Vorgang zu beobachten, vertreibst du die Larve behutsam aus ihrem Köcher und steckst sie in ein Glas mit Wasser, in dem sich auch kleine Pflanzenteile und Sand befinden. Nach kurzer Zeit baut sie sich einen neuen Unterschlupf.

Angeln

Ein guter Angler kennt den Fluss und die Gewohnheiten der Fische. Eine Forelle in schneller Strömung wird anders gefischt als ein Rotauge in ruhigem Wasser. Köder, Angelhaken oder Rutendicke richten sich danach, welche Fische du angeln willst.

Nur Geduld! Wo du eine erste Elritze fängst, sind andere nicht weit.

Für Anfänger

Am besten beginnst du mit leicht zu fangenden Fischen. In kleinen Flüssen wimmelt es von Elritzen und Gründlingen. Eine Rute, einige Bleistücke und ein kleiner Angelhaken – das ist genug. Als Köder eignen sich eine Köcherfliegenlarve oder ein Stück von einem Regenwurm. Suche dir eine Stelle am Fluss aus, an der die Strömung nicht allzu stark ist! Dann kann es schon losgehen!

Gründling

In langsam strömenden Flüssen

An etwas größeren Flüssen mit ruhigerem Wasser verwendest du dasselbe Material, nur bringst du über dem Blei an der Leine noch einen Schwimmer an. Hier angelst du Weißfische oder Rotaugen.
Das Angeln in langsam strömenden Flüssen unterscheidet sich kaum von dem in stehenden Gewässern.

Elritze

Forellenfang

Der Forellenfang ist am faszinierendsten, gleichzeitig aber auch am schwierigsten. Du fängst sie am besten mit einem versenkten Köder oder der Fliege. Als Köder eignen sich Würmer, aber auch Heuschrecken oder Heidemaikäfer. Die Forelle ist sehr misstrauisch, deshalb musst du dich etwas verbergen. Die besten Stellen sind bei Einmündungen, am Fuß von kleinen Wasserfällen, entlang von Uferböschungen oder wo sich im Fluss kleines Getier aufhält. Die Forellen lauern dort auf ihre Beute.

ANGELN VERBOTEN!

Angeln darfst du nur, wenn du einen Jugendfischereischein besitzt und die Erlaubnis hast, in einem bestimmten Gewässer zu fischen! Die zuständige Behörde an deinem Wohnsitz gibt dir sicher gern Auskunft.

VOR DEM AUSFLUG 4
BEOBACHTEN UND ENTDECKEN 20
SPIELEN UND BASTELN 46
TIERE ERKENNEN 60

Tiere erkennen

Tiere kennen ihr Territorium sehr viel besser als wir und in der Regel erkennen sie uns meistens als Erste. Wenn du sie beobachten willst, darfst du folgende Grundregeln nie vergessen: Rücksichtnahme, Geduld und Vertrautheit mit ihren Gewohnheiten.

Wasserinsekten

Wasserinsekten sind die bei weitem häufigsten Tiere eines Flusses. Ihr Vorhandensein sagt viel über die Wasserbeschaffenheit aus. Um herauszufinden, ob ein Fluss sauber ist, legen Wissenschaftler eine Liste aller vorgefundenen Wasserinsekten an. Gibt es nur wenige, ist der Fluss verschmutzt; gibt es viele, ist der Fluss sauber. Auch hier bedeutet also Vielfalt Reichtum.

Ein schönes Beispiel für die Nahrungskette

Am Anfang der Kette stehen die Pflanzen, die allen Arten von Wasserinsekten (Köcherfliegenlarven …) oder Krebstieren (Bachflohkrebs …) als Nahrung dienen. Diese werden ihrerseits von Fischen verschlungen, die wieder vom Fischotter, dem großen Räuber des Flusses, gejagt werden.

Die Nahrung all der kleinen Tiere ist so vielfältig wie die der großen. Da gibt es Fleischfresser, die andere kleine Tiere angreifen; so z. B. die Libellenlarve, die Eintagsfliegenlarven verschlingt. Pflanzenfresser verzehren Moos und Pflanzen und Abfallfresser ernähren sich von Abfällen, meist sich zersetzende Gräser und Blätter.

Die Larven der Wasserinsekten leben auf dem Flussgrund oder in der oberen Sandschicht.

Spektakuläres Ereignis

Wenn du an einem schönen Sommernachmittag an einem Fluss vorbeikommst, kannst du oft tausende von Insekten über dem Wasser tanzen sehen, die wegen der günstigen Temperaturen alle zur gleichen Zeit schlüpfen. An manchen Tagen schlüpfen Eintagsfliegenlarven in solchen Mengen, dass sie nach dem Schlüpfen als Insekten richtige Wolken bilden und sogar Autofahrer auf den Flussbrücken behindern.

Üppige Nahrung

Die kleinen Tiere können sich an zahlreichen Stellen verbergen: unter Gesteinsbrocken, Steinen, Kies, Sand oder Schlick. Andere bevorzugen Pflanzen wie Algen, Moos, Wasserpflanzen, aber auch Äste und Wurzeln oder Blätter, die sich am Wassergrund angesammelt haben.

DOPPELLEBEN

Viele Insekten führen als Wasserlarven ein völlig anderes Leben als die Vollinsekten, in die sie sich verwandeln, wenn sie das Wasser verlassen und in die Lüfte steigen.
Zu den häufigsten Insekten, die solch ein Doppelleben führen, zählen Eintagsfliege, Köcherfliege, Uferfliege, Fliegen, kleine Mücken und Libellen.

4 VOR DEM AUSFLUG
20 BEOBACHTEN UND ENTDECKEN
46 SPIELEN UND BASTELN
60 TIERE ERKENNEN

Unsichtbarer Reichtum

Wenn du an einem Fluss entlanggehst, kannst du die außerordentliche Vielfalt der dort lebenden kleinen Tiere noch gar nicht erahnen. Hebst du einen Stein auf, erhältst du einen Vorgeschmack auf diesen Reichtum, denn du wirst darunter viele verschiedene Larven entdecken. Das erklärt, warum Fische, Frösche und Vögel ausreichend Nahrung haben, wenn der Fluss sauber ist.

Eintagsfliege ▶

Sie wird auch als „Maifliege" bezeichnet, denn im Mai schlüpft sie. Die Larve hat einen abgeflachten Körper, außen auf dem Rücken oder an den Seiten Kiemen und am Ende des Hinterleibs drei Cerci (lange, fadenförmige Anhänge). Wie ein Schmetterling hat das Vollinsekt seine durchsichtigen Flügel am Rücken aufgerichtet. An ihrem nach oben gekrümmten Hinterleib sitzen zwei sehr lange Cerci.

Uferfliege ▶

Die Larve hat einen abgeflachten Körper, einen großen Kopf mit zwei Fühlern und zwei recht kurze Cerci am Hinterleibsende. Auch als Vollinsekt sieht sie kaum anders aus, sieht man davon ab, dass flache Flügel den Körper bedecken.

KÖCHERFLIEGENLARVEN

Du erkennst sie leicht, denn sie bauen sich einen Köcher aus Kies oder Holz, in dem sie sich verstecken. Die Vollkerfe ist ein unauffälliges Insekt mit großen, hellbraunen Flügeln, die den ganzen Körper bedecken, und zwei großen Fühlern.

Libelle ▶

Die meisten Libellen leben hauptsächlich an stehenden Gewässern, doch eine Art lebt lieber am Fluss: die Seejungfer. Ihre Larve ist ein gefährlicher Räuber, der andere Larven angreift, wie auch Kaulquappen und kleine Fische. Das Vollinsekt ist prächtig: Das Weibchen braun mit grünen Reflexen, das Männchen metallisch blau.

◀ **Stechmücke**

Wohl jeder kennt und fürchtet sie wegen ihrer unangenehmen Stiche. Es sind übrigens nur die Weibchen, die stechen. Sie durchdringen mit ihrem feinen Rüssel unsere Haut, um Blut zu saugen – vorwiegend abends und nachts.

Die männlichen Mücken erkennt man an ihren federartigen Antennen. Sie ernähren sich von Nektar und stechen deshalb nicht.
Man sieht häufig Mückenlarven, die direkt unter der Wasseroberfläche atmen.

Ein kurzes Leben

Die Larven der Wasserinsekten verbringen mehrere Monate, manchmal auch mehrere Jahre unter dem Wasser. Die Vollinsekten leben dagegen nur eine Jahreszeit, eine Woche oder ein paar Stunden lang.

Als Vollinsekt lebt die Eintagsfliege oft nur ein oder zwei Stunden.

VOR DEM AUSFLUG 4
BEOBACHTEN UND ENTDECKEN 20
SPIELEN UND BASTELN 46
TIERE ERKENNEN 60

Weichtiere, Würmer und Krebse

Neben Fischen und Insekten findest du im Wasser auch Weichtiere, Würmer und Krebstiere. Die Weichtiere kommen in zwei großen Gruppen vor: Es gibt Bivalvia wie die Muscheln und Bauchfüßer wie die Schnecken.

Muscheln

Die kleinen Süßwassermuscheln mit schwarzer Schale produzieren schöne blaue Perlen wie zum Beispiel die Austern. Diese Perlen sind teuer, denn sie sind selten: Nur etwa eine von 1000 Muscheln birgt diesen kostbaren Schatz. Sie sind geschützt und dürfen nicht mitgenommen werden.

Echte Perlmuschel ▶

In den schnellen Abschnitten kleiner Flüsse findet man rund 15 cm große Süßwassermuscheln mit einer schwarzen, rissigen Schale. Diese Echte Perlmuschel, Margaritifera genannt, lebt zu zwei Dritteln im Sand verborgen. Sie ernährt sich, indem sie das Wasser seiht, das durch ihren Körper fließt. Sie kann über 100 Jahre alt werden.

◀ **Teichmuschel**

Im langsameren Wasser mit Schlickgrund findet man größere Muscheln (bis zu 25 cm) in einem grünstichigen Gelb; das ist die Teichmuschel. Sie lebt sehr lange und man kann auf der Schale Wachstumsringe sehen. Du brauchst sie nur zu zählen, um ihr Alter zu erfahren. Jedes Jahr kommt ein neuer dazu.

Schnecken

Die meisten Wasserschnecken leben wie die Gemeine Schlammschnecke in ruhigem Teichwasser; aber eine Art mit dem Namen Ancylus trifft man in schnellen Fließgewässern an.

Flussnapfschnecke ▶

Ihr Gehäuse hat die Form eines chinesischen Huts. Es hat einen Durchmesser von weniger als 1 cm und läuft in einer Spitze aus. Dank dieser Form kann sich die Schnecke an Steinen festmachen; die Strömung gleitet über das Gehäuse, ohne es mitzureißen. Sie ernährt sich, indem sie am Gestein haftende Algen und Moose abkratzt.

◀ Schlammschnecke

Die Schlammschnecke ist eine Süßwasserschnecke. Ihr Kennzeichen ist ein spiralförmiges Gehäuse, das in einer Spitze ausläuft. Sie wird 2 bis 3 cm lang.

MUSCHEL ODER SCHNECKE?

Wie kannst du einen Bauchfüßer (Schnecke) von einer Bivalvia (Muschel) unterscheiden? Das ist einfach: Schnecken haben ein Gehäuse aus einem Stück, bei Muscheln sind dagegen zwei bewegliche Schalen durch ein Gelenk verbunden.

FENSTERPUTZER

Wenn du eine Schnecke an die Scheibe eines Aquariums setzt, kannst du sehen, wie sie sich ernährt: Sie schabt die an der Scheibe haftenden winzigen Algen ab. Wo sie „geputzt" hat, sind die Scheiben wieder sauber.

Krebstiere

Krebstiere sind sehr eigenartige Wesen, denn ihr Skelett befindet sich an der Körperaußenseite. Es besteht teilweise aus Kalziumkarbonat und bildet entweder einen harten Panzer, mit dessen Hilfe der Flusskrebs sich schützt, oder aber ein Häutchen wie beim Bachflohkrebs. Es gibt mehrere Flusskrebsarten, die nicht leicht zu bestimmen sind; aber allen gemeinsam ist ein schöner Panzer, große Antennen und fünf Beinpaare. Die beiden Vorderbeine sind größer und enden in kräftigen Scheren.

Bachflohkrebs ▶

Dieses kleine, nur 1 bis 2,5 cm lange, graubeige Tier hat einen an den Seiten abgeflachten Körper und einen gewölbten Rücken. Es besitzt sieben Beinpaare und Antennen. Sein Aussehen hat ihm den Beinamen Süßwasserkrebs eingebracht. In Flüssen mit sauberem, schnell fließendem Wasser findet man ihn in großen Mengen unter Steinen. Er dient fast allen Tieren im Fluss als Nahrung.

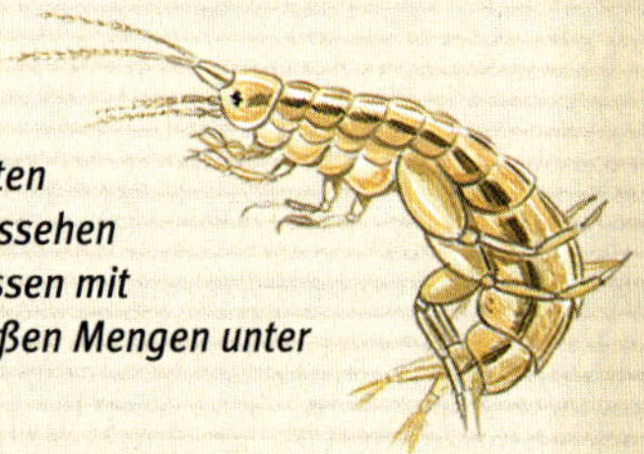

◀ Rotfüßiger Flusskrebs

Bei dieser Art, von einem dunkleren Braun als der Weißfüßige Flusskrebs, sind Unterbauch, Scheren und Beine rot. Er misst 10 bis 16 cm und bewohnt kleine Flüsse, aber auch Seen- und Teichufer.

Weißfüßiger Flusskrebs ▶

Er bewohnt kleine Bäche und Flüsse mit schnell fließendem Wasser. Du entdeckst ihn also meist dort, wo auch die Forelle zu finden ist. Seinen Namen verdankt er der Tatsache, dass Bauch, Beine und Scheren weiß sind. Heute wird er zusehends seltener, denn er leidet stark unter der Verschmutzung. Er ernährt sich im Wesentlichen von Pflanzenresten.

▼ Amerikanischer Flusskrebs

Er wird 7 bis 12 cm lang und stammt von der Ostküste der Vereinigten Staaten. Die Art wurde vor über 70 Jahren nach Europa gebracht und ist heute praktisch überall anzutreffen. Der Krebs hat eine grünschwarze Farbe mit gut sichtbaren rötlichen Markierungen auf dem Hinterleib. Er leidet sehr viel weniger unter der Verschmutzung als einheimische Arten und ersetzt sie allmählich in zahlreichen Regionen.

Würmer

Wie die Regenwürmer haben auch die wasserbewohnenden Würmer einen langen, weichen, aus einer Folge von Ringen gebildeten Körper. Aber statt Erde zu fressen, saugen einige das Blut anderer flussbewohnender Tiere. Bekannt sind sie deshalb als „Blutsauger“.

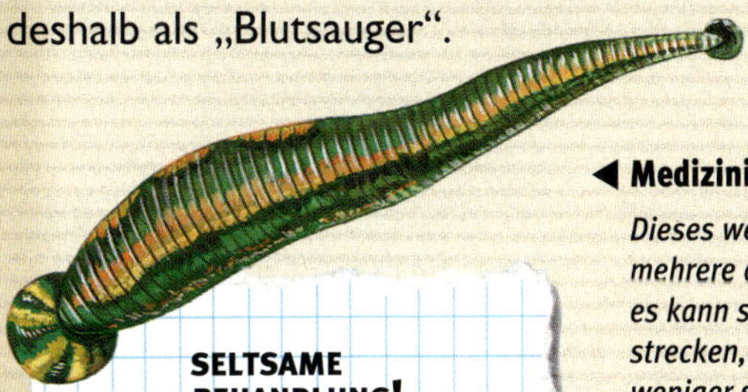

◀ Medizinischer Blutegel

Dieses wenig appetitliche Tier wird mehrere dutzende Zentimeter lang, doch es kann sich zusammenziehen oder strecken, indem es seine Ringe mehr oder weniger stark zusammenzieht. Der Medizinische Blutegel besitzt zwei Sauger: je einen am Schwanzende und am Kopf. Damit kann er sich an Felsen, aber auch an Fische oder Frösche heften. Sobald er sich fest an sein Opfer angesaugt hat, dringt der Blutegel mit drei verschiedenen kleinen Lamellen, die in seinem Mund sitzen, in die Haut ein. Der Blutegel lässt sein Opfer erst wieder los, wenn er sich mit Blut voll gesogen hat.

SELTSAME BEHANDLUNG!

Früher verwendete man Medizinische Blutegel, um Menschen zu behandeln. Die Ärzte glaubten, man müsse Blut aus dem Körper eines Menschen entfernen, um bestimmte Krankheiten zu lindern. Dazu setzten sie ihren Patienten Blutegel auf die Haut.

Gemeiner Fischegel ▶

Das ist ein sehr kleiner Blutegel, der durchschnittlich 1,5 cm lang wird; er ist hellfarbig. Wie die anderen Blutegel ernährt er sich von Fischblut.

Bachröhrenwurm ▶

Dieser Wasserwurm wohnt im Schlick und auf dem Flussgrund. Er gräbt sich eine Röhre, in die er bei der kleinsten Gefahr flüchtet. Auf dem Wassergrund kannst du manchmal Bänder mehrerer hundert Bachröhrenwürmer sehen. Sie sind rot und 3 bis 4 cm lang.

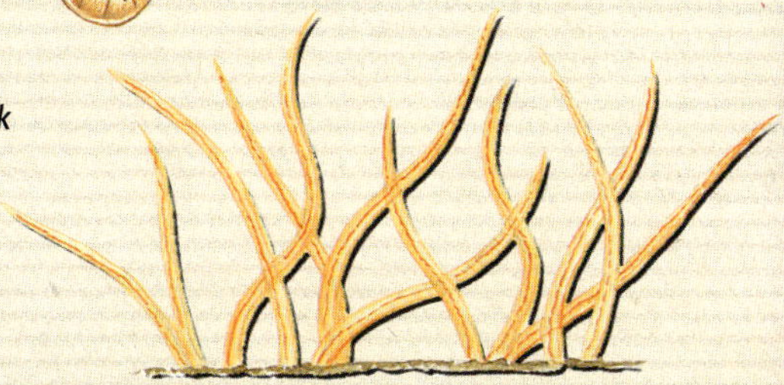

VOR DEM AUSFLUG 4
BEOBACHTEN UND ENTDECKEN 20
SPIELEN UND BASTELN 46
TIERE ERKENNEN 60

Frösche und Kröten

Die Kröte ist keineswegs das Weibchen des Frosches. Diese beiden Tiere gehören verschiedenen Gattungen an. Natürlich gibt es bei Kröten und Fröschen Männchen und Weibchen. Der Hauptunterschied zwischen Kröten und Fröschen liegt in ihrer Haut: Beim Frosch ist sie glatt und glänzend, bei der Kröte uneben und matt.

Frösche

Es sind vor allem zwei Froscharten, die an Flussufern leben: der Grasfrosch und der Springfrosch. Sie ähneln sich stark und zeigen auch ein ähnliches Verhalten. Im Gegensatz zum Wasserfrosch, der sich immer im Wasser oder in seiner unmittelbaren Nähe aufhält, leben sie elf Monate im Jahr auf dem Festland.

Grasfrosch ▶

Wie der Springfrosch kommt auch der Grasfrosch nur einmal im Jahr (März–April) ans Wasser, um dort seine Eier abzulegen, die er anschließend sich selbst überlässt. Er wird durchschnittlich 9 cm lang, hat einen mehr oder weniger braunen Körper und einen großen schwarzen Fleck hinter jedem Auge sowie schwarze Streifen auf den Beinen.

Wasserfrosch ▶

Es ist sehr leicht, den Wasserfrosch am Ufer zu beobachten. Er ist von der Nasenspitze bis zum Rückenende ungefähr 8 bis 12 cm lang. Sein grüner Körper hat schwarze Flecken und Streifen.

Kröten

Bei der Kröte ist die Haut weniger glatt als beim Frosch. Ihr ganzer Körper ist mit Warzen bedeckt, sodass er körnig aussieht. Diese Warzen enthalten Gift, das die Kröte ausscheidet, wenn sie Angst hat. Wegen des unangenehmen Geschmacks dieses Gifts lassen ihre Feinde sie schnell wieder fahren. Eine gute Verteidigung!

Gelbbauchunke ▶

Die Gelbbauchunke trägt ihren Namen zu Recht. Von oben betrachtet fällt sie zwar kaum auf, denn Rücken und Kopf sind matt und braun- bzw. graustichig. Ist sie jedoch beunruhigt, versucht sie ihre Gegner einzuschüchtern, indem sie sich auf den Rücken legt und ihren prachtvollen, lebhaft gelb-schwarzen Bauch zeigt. Sie bewohnt Wasserlöcher an Flussufern.

Geburtshelferkröte ▶

Grundsätzlich legen Amphibien ihre Eier im Wasser ab und überlassen die Nachkommenschaft sich selbst.
Das Männchen der Geburtshelferkröte jedoch sammelt die Eier des Weibchens, die sich an seinen unteren Rücken und die oberen Hinterbeine heften. Er trägt sie, bis sie ausschlüpfen. Davon hat die Kröte ihren eigenartigen Namen.

BEINTEST

Um einen Grasfrosch von einem Springfrosch zu unterscheiden, zieht man das Hinterbein am Körper hoch. Befindet sich der Ellbogen auf der gleichen Höhe wie die Nasenspitze, ist es ein Grasfrosch; geht der Ellenbogen über die Nasenspitze hinaus, ist es ein Springfrosch. Der hat längere Beine und springt weiter; dieser Tatsache verdankt er seinen Namen.

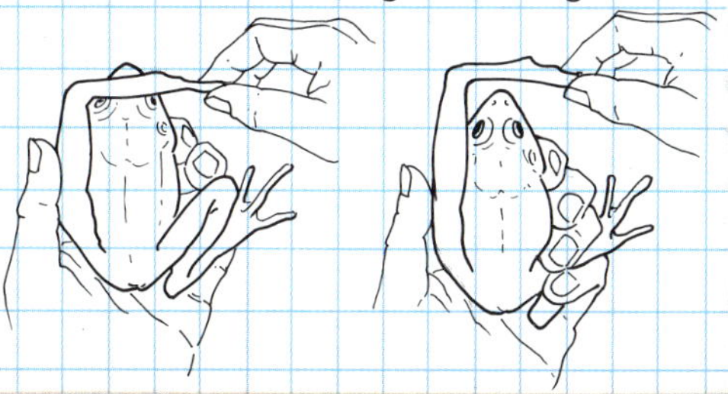

Nattern

Den Reptilien sagt man nach, dass sie warme, trockene Orte lieben. Aber Schlangen wie die Ringel- oder die Vipernatter haben keine Angst vor dem Wasser und verbringen darin den größten Teil ihres Lebens.

Nur Angeberei!

Nattern sind ganz und gar harmlos. Sie besitzen keine Giftzähne wie die Vipern. Bei Gefahr zischen sie zwar, wenn sie den Kopf aufblähen; das dient jedoch nur der Einschüchterung von Feinden: Bei der erstbesten Gelegenheit fliehen sie!

Würfelnatter ▶

Sie ist knapp 1 m lang und damit kleiner als die Ringelnatter. Sie bewohnt überwiegend Fließgewässer, in denen sie Fische und Amphibien jagt. Zum Ausruhen verbirgt sie sich unter den Steinen am Flussufer. Die bei uns ganz seltene Würfelnatter hat einen braunen Rücken mit dunklen Flecken und ein dunkles Zickzackband auf dem Rücken. Da sie einer Viper ähnelt, wird sie oft getötet, obwohl sie ungefährlich ist.

◀ Ringelnatter

Sie verdankt ihren Namen dem schwarzgelben Doppelband auf dem Hals, an dem man sie mühelos erkennt. Diese ausgezeichnete Schwimmerin misst 70 cm bis 2 m. Sie jagt Wassertiere wie Frösche, Kröten, Molche, Fische und manchmal auch kleine Säugetiere und Vögel.

Eier – aber niemand, der sie ausbrütet

Nattern legen ihre Eier im Sommer. Die Würfelnatter legt sie in Löcher, die sie am Ufer gräbt, die Ringelnatter in Pflanzenhaufen am Wasserrand. Danach entwickeln die Eier sich, ohne dass sie ausgebrütet werden; die Jungen schlüpfen im September.

Winterschlaf

Nattern überwintern, indem sie einen Winterschlaf halten. Du solltest immer genau zwischen Überwintern und Winterschlaf unterscheiden. Im ersten Fall bedeutet es, dass ein Tier den Winter an einem Ort verbringt, zu dem es sich für diesen Zweck begeben hat (Stare überwintern z. B. in Afrika). Im zweiten Fall verbringt ein Tier den Winter im Winterschlaf: Es schläft und sein Stoffwechsel arbeitet auf Sparflamme.

NATTER ODER VIPER?

Eine Würfelnatter ist nicht immer klar von einer Viper zu unterscheiden. Im Zweifelsfall hält man sich besser fern und stört sie nicht. Trotzdem gibt es die Möglichkeit, sie zu unterscheiden, indem man sich genau den Kopf anschaut: Bei der Natter ist die Nasenspitze rundlich und die Pupille rund. Die Viper hat dagegen eine Stupsnase und senkrechte Pupillen.

Fische im Oberlauf des Flusses

Flüsse haben in ihrem Oberlauf, also von der Quelle bis 10 oder 20 km stromabwärts, eine starke Strömung. Die Fische, die dort leben, haben sich an das schnell fließende Wasser angepasst – jeder mit einer eigenen Technik: Es gibt sehr bewegliche Fische wie Forelle oder Elritze; andere wie der Gründling halten sich dicht am schützenden Grund auf oder unter Steinen wie Bartgrundel oder Groppe.

Elritze ▶ ← 5–10 cm →

Im Gegensatz zur Forelle lebt sie in Schwärmen und jagt kleine Tiere. Zum Ausruhen versteckt sie sich gerne zwischen Baumwurzeln. Ihr Körper ist braungrün mit nach oben verlaufenden gelben und schwarzen Streifen. Zur Paarungszeit hat das Männchen einen lebhaft roten Bauch.

Forelle ▶ ← 20–50 cm →

Sie jagt alle kleinen Tiere im Fluss: Larven, Würmer, kleine Fische und fliegende Insekten, die sie an der Wasseroberfläche verschlingt. Im Herbst steigt sie zu ihrem Laichplatz hinauf; dort legt sie ihre Eier im Kies ab.

▼ Gründling ← 10–15 cm →

Er hält sich überwiegend am Grund auf; dort sucht er mit Hilfe von zwei Bartfäden, die er seitlich seines Mauls hat, nach Beute.

gelbbeiger Körper mit dunklen Streifen und Flecken

Groppe ▶

← 10–12 cm →

Mit ihrem dicken abgeflachten Kopf und den großen stachligen Flossen nimmt sie sich ziemlich eigenartig aus. Man bekommt sie praktisch nie zu Gesicht, denn sie verbirgt sich immer unter Steinen; dort ernährt sie sich von Köcherfliegenlarven und allen Arten von Insekten, Fischeiern oder Schnecken. Das Weibchen legt seine Eier in ein Loch unter Steinen ab; das Männchen bewacht und schützt sie, bis die Jungen schlüpfen.

ein flacher braungelber Körper mit dunklen Flecken

Bartgrundel ▶

← 8–12 cm →

Die Bartgrundel ist ein ziemlich kleiner Fisch, der nie den Flussgrund verlässt. Sie unterscheidet sich vom Gründling durch sechs Bartfäden rund ums Maul.

Graubrauner Körper mit schwarzen Flecken

KLEINE PÄUSCHEN

Du darfst nicht glauben, dass Fische, die schnelle Fließgewässer bewohnen, den ganzen Tag lang gegen die Strömung ankämpfen. Meist suchen sie Zuflucht unter dem Flussufer hinter dicken Steinen oder an ruhigeren Stellen, die sie sehr gut kennen.

4 VOR DEM AUSFLUG
20 BEOBACHTEN UND ENTDECKEN
46 SPIELEN UND BASTELN
60 TIERE ERKENNEN

Fische im mittleren Teil des Flusses

Je weiter ein Fluss ins Tal hinabfließt, desto breiter wird er und die Strömung etwas weniger schnell. Hier ist die Forelle nicht so häufig, dafür gibt es andere Arten. Im Gegensatz zu den Fischen im Unterlauf des Flusses in der Ebene sind die Fische des mittleren Flussabschnitts keine Teich- oder Seefische, sondern zählen zu den Fischen in Fließgewässern.

◀ **Äsche** ← 25–40 cm →

Dieser wenig bekannte Fisch wird auch als Fahnenträger bezeichnet, denn er hat eine sehr große, schwarz gepunktete Rückenflosse. Er bewohnt Flüsse im Tal, wo der Sandgrund mit Steinen übersät ist. Die Äsche ernährt sich von Larven, Würmern, Krebstieren, Insekten und kleinen Fischen. Sie ist nicht mit dem Seesaibling zu verwechseln, der Gebirgsseen bewohnt.

Flussbarbe ▲ ← 30–60 cm →

Dieser große Fisch, der oft in Schwärmen lebt, hat einiges mit dem Gründling gemeinsam. Er jagt auf dem Wassergrund, den er praktisch nie verlässt. Die kleinen Fische, die seine Beute bilden, findet er, indem er den Sand mit seinen vier Bartfäden absucht.

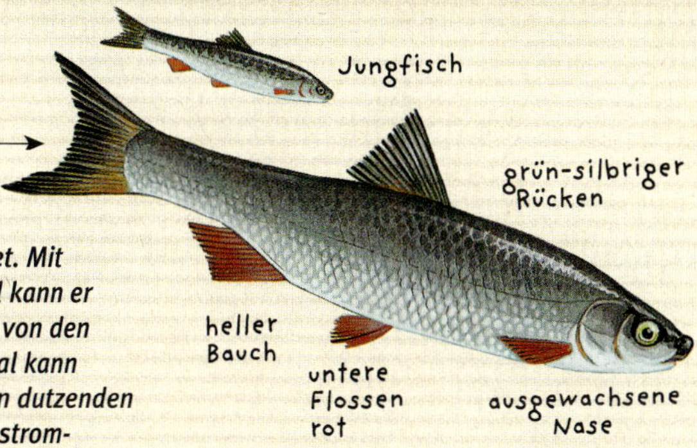

Nase ▶ ← *20–40 cm* →

Bei diesem Fisch ist das Maul, das aus festem Horn besteht, nach unten gerichtet. Mit diesem sehr speziellen Maul kann er Algen, seine Hauptnahrung, von den Steinen abraspeln. Manchmal kann man Schwärme mit mehreren dutzenden Fischen sehen, die langsam stromaufwärts schwimmen.

Döbel ▶

← *30–60 cm* →

Das ist ein sehr verbreiteter Fisch. Sitzt man am Flussufer oder in einem Boot, kann man ihn bei der Jagd sehen. Er steigt sehr oft an die Oberfläche, um dort schwebende Insekten zu fangen. Er jagt alle Arten von kleinen Tieren auf dem Grund, im Wasser und an der Wasseroberfläche.

Beim Döbel sind Rücken und Seiten braungelb, die Bauch- und Schwanzflossen dagegen rot.

EINWANDERER

Mehrere heute in unseren Flüssen beheimatete Fische stammen ursprünglich nicht aus Westeuropa, sondern sind aus anderen Kontinenten eingewandert. Aus Nordamerika kamen zum Beispiel der Katzenfisch, der Schwarzbarsch, der Sonnenbarsch und die Regenbogenforelle zu uns.

Laichen und wandern

Vögel und Fische haben manches gemeinsam. Beide legen Eier in eine große Vielfalt unterschiedlicher Nesttypen, und das auf verschiedene Weise. Sowohl bei den Vögeln als auch bei den Fischen gibt es stehende und ziehende Arten.

Das Laichen bei den Fischen

Damit ihre Eier nicht von der Strömung davongetragen werden, verwenden Fische verschiedene Techniken und wählen immer genau ausgesuchte Plätze.

Die Forelle „gräbt" mit ihrem Schwanz ein kleines Loch in den Flussgrund.

Dort legt sie ihre Eier ab, die das Männchen sogleich befruchtet.

Danach bedeckt sie den Laich mit Kies, um ihn vor Räubern und der Strömung zu schützen.

Die Groppe legt unter einem Stein oder in eine Mulde eine große Anzahl von Eiern ab, die das Männchen bewacht, bis die Jungen schlüpfen.

Der Barsch legt bis zu 1 m lange Laichbänder, die er um Pflanzen oder Wurzeln wickelt.

Der Laich des Döbels ist klebrig, sodass er an Pflanzen und Steinen haftet.

Wanderungen

Mehrere Fischarten wandern. Außer dem Aal, der in umgekehrter Richtung wandert, werden die meisten dieser Fische in Süßwasser geboren, verbringen mehrere Jahre im Meer, wo sie wachsen, und steigen dann zur Fortpflanzung wieder die Flüsse hinauf. Das gilt für Stör, Lachs und Meerforelle ebenso wie für Finte und Maifisch. Dazu zählen ebenfalls Meerneunauge und Flussneunauge.

◀ Allier-Lachs

Nach ihrer Geburt in der Allier-Schlucht leben die kleinen Lachse (Sämlinge) ein oder zwei Jahre lang wie die Forellen. Danach eilen sie den Fluss hinunter und durchschwimmen den Atlantik, um drei oder vier Jahre (als Salme) vor Grönland zu verbringen. Als voll entwickelte Tiere überqueren sie erneut den Atlantik und steigen den Allier zum Laichen hinauf, dorthin, wo sie selbst geboren wurden.

Aal ▶

Der Aal wächst im Fluss auf und pflanzt sich im Meer fort. Wenn der Aal 9 bis 18 Jahre im Süßwasser zugebracht hat, verlässt er den Fluss und schwimmt zur Sargasso-See im Atlantik. Dort legt er zusammen mit vielen anderen seinen Laich ab. Anschließend lassen die Larven sich von der Strömung tragen und die anfangs durchsichtigen Aale (Glasaale) steigen den Fluss hinauf, wo sie Pigmente bekommen, wachsen und dann ihrerseits zur Sargasso-See aufbrechen.

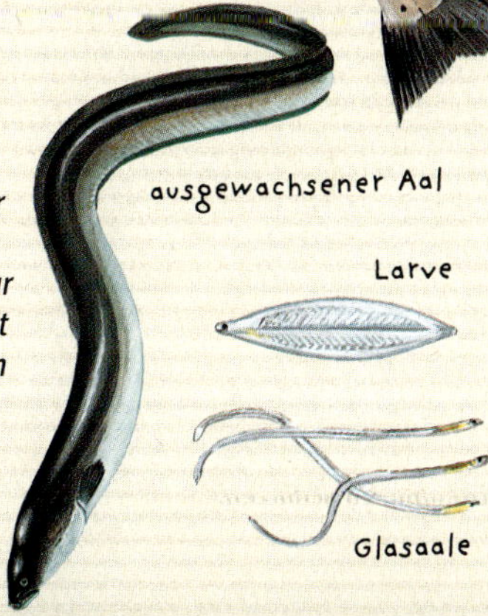

Vögel, die sich Brutlöcher graben

Einige Vögel graben sich Brutlöcher, wo sie ihre Eier ausbrüten und die Jungen aufziehen. Das geschieht häufig an Flüssen, wo diese Vögel vom Wasser ausgewaschene Steilufer aus Sand finden; hier fällt ihnen das Graben leicht.

◀ UFERSCHWALBE

Sie gräbt einen 60 cm tiefen Bau in den Sand steiler Uferböschungen. Dort lebt sie in mehr oder weniger großen Kolonien, wie man an den Reihen von Brutlöchern in den Uferböschungen erkennt.
Ihre Flügel haben eine Spannweite von 25 cm. Oben ist sie ganz braun, am Bauch weiß, mit einem Streifen in der Farbe des Rückens auf der Brust.

ZUG- ODER STANDVÖGEL?

Bienenfresser und Uferschwalbe, die sich von Insekten ernähren, müssen im Winter in den Süden fliegen, denn dann finden sie bei uns keine Beute.
Der Eisvogel bleibt hingegen oft am Ort, wenn es nicht zu kalt wird und das Eis ihn nicht am Tauchen hindert.

Bienenfresser kurz vor dem Abflug

Eisvogel ▶

Man muss einfach über seine Farben staunen! Kopf, Rücken, Flügel und Schwanz sind von prächtigem metallischem Blaugrün. Sein weißer Hals kontrastiert mit dem orangefarbenen Bauch.
Du kannst ihn oft hoch oben auf einem Ast über dem Wasser sehen, wo er auf der Lauer nach kleinen Fischen liegt, nach denen er taucht. Sein Bau, in dem er die Eier ablegt, ausbrütet und auch seine Jungen ernährt, ist ungefähr 70 cm tief.

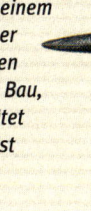

Bienenfresser ▶

Kopf und Rücken sind gelborange, Schwanz und Bauch blaugrün. Auf dem Hals hat er einen schönen, schwarz geränderten gelben Fleck. Seine Flügelspannweite beträgt 45 cm; der lange Schnabel ist leicht nach unten gebogen. Er nistet oft in kleinen Kolonien, deren Brutlöcher man im Sand steiler Uferböschungen findet. Der südeuropäische Vogel ist auf die Jagd nach Fluginsekten spezialisiert.

UNTERKUNFT UND VERPFLEGUNG

Das nahe gelegene Wasser bietet Vögeln, die sich Brutlöcher graben, üppige Nahrung: Fische für den Eisvogel, Mücken für die Uferschwalbe und Libellen für den Bienenfresser.

4 VOR DEM AUSFLUG
20 BEOBACHTEN UND ENTDECKEN
46 SPIELEN UND BASTELN
60 TIERE ERKENNEN

Am Boden nistende Vögel

Einige Vögel legen ihre Eier ohne große Umstände direkt am Boden ab oder in einer kleinen Vertiefung, die sie graben. Dafür brauchen sie flache freie Uferbänke mit Sand, Kies oder Geröll, damit sie während der Brutzeit die Umgebung überwachen können.

◀ Flussseeschwalbe

Bei diesem schönen Vogel mit einer Flügelspannweite von 80 cm ist alles zierlich. Der Rücken, die großen Flügel und der Schwanz sind grau, der Bauch ist weiß. Er hat eine schwarze Kapuze auf dem Kopf und einen langen rot-schwarzen Schnabel. Bei der Flussseeschwalbe ist alles spitz: Schnabel, Flügelenden und der Schwanz, der überdies auch stark gegabelt ist. Das erklärt, warum sie im Fischfangen so geschickt ist.

◀ Zwergseeschwalbe

Die Zwergseeschwalbe ist kleiner (50 cm Flügelspannweite). Sie hat einen gelben Schnabel, eine weiße Stirn und einen schwarzen Schädel. Sie verhält sich wie die Flussseeschwalbe und nistet oft an den gleichen Orten.

Flussuferläufer ▶

Auch er nistet am Boden, aber er zieht das Ufer schneller Fließgewässer den großen Sandbänken vor. Die langen Beine und sein schmaler Schnabel weisen ihn als Stelzvogel aus. Seine Farben sind nicht gerade auffällig: brauner Rücken und Kopf, weißer Bauch. Gerne steht er auf einem Stein mitten im Fluss.

Flussregenpfeifer ▶

Er lässt sich mühelos beobachten, wenn er auf seinen feinen Beinen hin und her trippelt, um Würmer und Insekten im Schlick und feuchten Sand am Ufer zu fangen. Rücken und Schädeldach sind hellbraun, der Bauch weiß und um Kopf und Hals hat er ein schwarzes Band. Seine Flügel haben zwar eine Spannweite von über 40 cm, dennoch wirkt er klein.

Triel ▶

Der seltene Triel misst ungefähr 40 cm und hat eine Flügelspannweite von 80 cm. Sein Federkleid ist hellbraun mit braunen Flecken und kleinen weißen Streifen auf den Flügeln. Er ist an seinem eigenartigen Kopf, seinem runden, gelben Auge und dem großen, gelben Schnabel mit der schwarzen Spitze zu erkennen.

TARNUNG IST LEBENSWICHTIG

Der beste Schutz für die Eier von Vögeln, die am Boden nisten, ist eine gute Tarnung, sodass sie vom Boden nicht unterschieden werden können. Das nennt man Mimikry. Daher haben die Eier von Flussseeschwalbe, Flussregenpfeifer und Triel einen Farbton, der dem Sand oder Kies ähnelt, in dem sie liegen.

4 VOR DEM AUSFLUG
20 BEOBACHTEN UND ENTDECKEN
46 SPIELEN UND BASTELN
60 TIERE ERKENNEN

Vögel am Ufer

Die großen Bäume am Fluss beherbergen die Nester einer Reihe von Vögeln, die ihr Leben am Wasser verbringt. Bachstelze und Zwergtaucher nisten nahe am Boden, der Reiher baut sein großes Nest dagegen in die Äste der höchsten Baumwipfel.

◀ **Zwergtaucher** ⟵ *18 cm* ⟶

Er wird auch als Wasseramsel bezeichnet und könnte als Symbol für kleine Flüsse mit sauberem Wasser dienen. Der Zwergtaucher hat ein schwärzliches Federkleid und eine weiße Brust. Er taucht ins Wasser und läuft am Flussgrund entlang, um die Larven von Wasserinsekten, Schnecken und Bachflohkrebse zu fangen, von denen er sich ernährt. Oft sieht man ihn, wie er von Stein zu Stein hüpft, um plötzlich inmitten von Strudeln zu verschwinden.

Seidenreiher ▶

⟵ *65 cm* ⟶

Das ist tatsächlich ein Reiher mit weißem Federkleid, schwarzem Schnabel, schwarzen Beinen und gelben Füßen. Der Seidenreiher wird 60 cm hoch und hat eine Flügelspannweite von 90 cm. Früher war er sehr selten, mittlerweile kommt er häufiger an denselben Orten vor wie die anderen Reiher.

Bachstelze ▶

← 18 cm →

Dieser Vogel kommt an Flüssen am häufigsten vor. Kopf, grauer Rücken und schwarzer Hals kontrastieren mit dem lebhaft gelben Bauch. Die Bachstelze wippt unblässig mit ihrem langen grau-weißen Schwanz. Sie fängt kleine Tiere am Ufer oder Fluginsekten. Du solltest sie nicht mit der Weißen Bachstelze verwechseln, die manchmal auch an Flüssen vorkommt; sie hat einen weißen Bauch.

◀ **Graureiher** ← 95 cm →

Das ist einer der größten Vögel am Fluss. Er wird beinahe 1 m hoch und hat eine Flügelspannweite von 1,80 m. Sein Rücken ist grau, Hals und Bauch sind weiß, Flügelrand und Haube schwarz. Seine langen Beine, der ebenfalls lange Hals und sein kräftiger, spitzer Schnabel eignen sich hervorragend für die Jagd auf Fische und Frösche, die er im Wasser mit Schnabelhieben fängt. Er nistet in großen Bäumen in Kolonien zusammen mit Nachtreiher und Seidenreiher.

Nachtreiher ▶

← 62 cm →

Der Nachtreiher ist kleiner als der Graureiher. Er wird 60 cm hoch und hat eine Flügelspannweite von 1,10 m. Er ist an seiner schwarzen Haube und dem ebenfalls schwarzen Rücken zu erkennen. Sein Bauch ist weiß, seine Flügel grau. Hinter dem Kopf hat er große weiße Federn.

Fleisch fressende Säugetiere

Die Klasse der Säugetiere ist am Fluss sehr gut vertreten, denn hier kannst du sowohl Fleischfresser wie Fischotter, Nerz und Iltis entdecken, als auch Nagetiere wie Biber, Wasserratte, Nutria und Bisamratte. Auch die Wasserspitzmaus und den Bisamrüssler kannst du finden. Einige sind vom Aussterben bedroht, andere verbreiten sich dagegen schnell, seit sie eingeführt wurden.

◀ **Fischotter**

Er ist der König der Flüsse, der „Oberräuber" des Wassers und er steht in der Nahrungskette an der Spitze. Sein langer, geschmeidiger Körper, der lange, pelzige Schwanz und die Schwimmfüße sind der beste Beweis dafür, wie hervorragend er sich ans Schwimmen angepasst hat. Er jagt Fische, Frösche, kleine wasserbewohnende Säugetiere und Flusskrebse.

DIE HÖHLE

Bevor der Fischotter sich paart, sucht er sich eine Höhle in den Felsen oder unter Baumwurzeln. Der Eingang liegt oft unter dem Wasser und es gibt einen Belüftungsschacht, der in der Uferböschung endet. Früher kam der Fischotter an allen Flüssen sehr häufig vor, heute ist er jedoch wegen der Wasserverschmutzung sehr selten geworden.

◀ Iltis

Erscheinung, Größe (40 bis 60 cm) und Gewicht (600 bis 1500 g) sind ähnlich wie beim Nerz. In seinen Farben unterscheidet er sich dagegen völlig. Er ist der einzige Fleischfresser, bei dem die unteren Körperteile (Füße, Bauch und Schwanz) dunkler sind als der Rücken. Auch sein Kopf mit den drei weißen Streifen ist auffallend. Er jagt regelmäßig Fische und Frösche, aber auch das doch weit vom Wasser entfernt lebende Wildkaninchen.

Europäischer Nerz ▶

Auch dieser kleine Fleischfresser ist sehr selten geworden. Oft verwechselt man ihn mit dem Amerikanischen Nerz, denn er hat die gleiche Größe und verhält sich ähnlich. Um sie zu unterscheiden, solltest du auf die Schnauze schauen: Beim Europäischen Nerz sind Ober- und Unterlippe weiß, beim Amerikanischen Nerz dagegen nur die Unterlippe.

SCHUTZ FÜR DEN FISCHOTTER

Der Fischotter gehört zu den am stärksten vom Aussterben bedrohten Säugetierarten in Europa. Zu seinem Schutz hat man manch originelle Aktionen ersonnen. Damit er auf Straßen und Autobahnen nicht überfahren wird, wurden an Straßen, die an Flüssen entlanglaufen, Unterführungen für Fischotter angelegt. Und an Staudämmen hat man für ihn beiderseits Treppen angebracht, damit er die gewaltigen Hindernisse gefahrlos überwinden kann.

Nager und Insektenfresser

Jedermann weiß, dass es auf den Feldern und in den Wäldern Wühlmäuse und Spitzmäuse gibt. Vielen aber ist unbekannt, dass auch an den Flüssen Nagetiere und Insektenfresser leben. Das ist nicht verwunderlich, denn sie sind nicht zahlreich und sehr scheu.

Biber ▼

Er ist das größte wasserbewohnende Säugetier, denn er wird bis zu 40 kg schwer und misst mehr als 1 m einschließlich seines Schwanzes. Dieser ist für die Art typisch: Er ist dick, flach und mit Schuppen bedeckt. Der Biber ist ein wahrer Baumeister und errichtet sich eine Burg und einen Staudamm (siehe Seiten 32–33). Zuletzt war er bei uns fast ausgestorben. Seit er wieder angesiedelt wurde, breitet er sich rasch aus.

◀ Wasserratte

Der kleine Nager, auch Schermaus genannt, wird ungefähr 200 g schwer und 30 cm lang. Mit dem runden Kopf, den kleinen Ohren, dem untersetzten Körper und seinem braunen Pelzkleid sieht er possierlich aus. Den Namen Ratte trägt er zu Unrecht, denn das Tier hat mit Ratten nichts gemein. Es baut sein Nest in einem Bau, den es selbst gräbt, und ernährt sich von Pflanzen und Insekten.

Wanderratte ▶

Die Wanderratte lebt sowohl in Städten als auch in der Natur an Gewässern. Sie misst 50 cm (davon 20 cm allein für den Schwanz) und wiegt ungefähr 500 g. Die Wanderratte ist ein enorm schlaues Tier und hat es verstanden, sich überall anzupassen. Sie frisst nahezu alles. In einem Jahr bringt es ein Wanderrattenpaar auf bis zu 50 Junge.

Wasserspitzmaus ▶

Zusammen mit Igel und Maulwurf gehört sie zur Ordnung der Insektenfresser. Ihre geringe Größe (17 cm lang und 8 bis 24 g schwer) hindert sie nicht daran, eine sehr wirksame Jägerin zu sein. Sie verschlingt eine eindrucksvolle Zahl von Insekten, kleinen Fischen und jungen Amphibien, die sie am Wasser oder unter den Steinen kleiner Flüsse fängt. Wenn du das Glück hast, sie zu Gesicht zu bekommen, erkennst du sie an der sehr deutlichen Trennungslinie, die ihren dunkelgrauen Rücken von dem rein weißen Bauch abgrenzt.

Vor dem Ausflug 4
Beobachten und entdecken 20
Spielen und Basteln 46
Tiere erkennen 60

Neuankömmlinge

Seit einiger Zeit haben sich unter die Säugetiere, die du bei deiner Wanderung entlang eines Flusses entdecken kannst, neue Arten gemischt. Noch im vergangenen Jahrhundert waren sie in Europa unbekannt. Welche Arten sind das und wie sind sie zu uns gekommen?

Sie stammen aus Amerika

Zu Beginn des 20. Jahrhunderts wurden vier auf dem amerikanischen Kontinent beheimatete Arten von zoologischen Gärten und Tierzuchtbetrieben in Europa eingeführt. Diese Betriebe stellten aus den Pelzen der Tiere (Sumpfbiber, Bisamratte, Amerikanischer Nerz) Mäntel her. Später hat man die Zucht vielfach wieder eingestellt und viele Tiere konnten in die Natur entfliehen. Auf diese Weise wurde ein großer Teil der Flüsse von „Amerikanern" besiedelt.

Sumpfbiber (Nutria) ▼

Dieses große, ursprünglich in Südamerika beheimatete Nagetier kann bis zu 10 kg wiegen. Es lebt vorwiegend an den großen Flüssen, meistens dort, wo sie ruhiger fließen. Der Sumpfbiber wohnt das ganze Jahr über in einem Bau in 2 bis 3 m Tiefe, den er in die Uferböschung gräbt. Dort wirft er zweimal im Jahr bis zu neun Junge. Der Sumpfbiber ist ein Pflanzenfresser und ernährt sich hauptsächlich von Wasserpflanzen. Er geht aber auch in Wiesen, um dort Gras zu fressen. Auf den Feldern tut er sich am Mais gütlich.

◀ Bisamratte

Sie ist kleiner als die Nutria und wiegt durchschnittlich 1,5 kg. Da sie aus Nordamerika stammt, macht ihr die Kälte viel weniger aus; deshalb kommt sie an fast allen Flüssen vor, auch an den kalten Gebirgsflüssen. Zum Schutz vor der Kälte baut sie sich eine Burg, indem sie Schilf und Binsen am Ufer auftürmt. Anschließend gräbt sie eine Galerie, die unter Wasser beginnt und zu einer Kammer inmitten der Burg führt. Auch die Bisamratte ist ein Pflanzen fressendes Nagetier.

Amerikanischer Nerz ▶

Dieser kleine Fleischfresser von der Größe eines Iltis, mit einem sehr langen Körper, kurzen Beinen und braunem Pelz misst 45 bis 60 cm und wiegt 500–1000 g. Er hält sich an Frösche ebenso wie an Fische, Flusskrebse und kleine Säugetiere. Der Amerikanische Nerz ist weniger weit verbreitet als die Bisamratte, denn er wurde weniger häufig gezüchtet; dennoch nimmt sein Bestand zu.

▼ Waschbär

Der Waschbär ist ein schönes, über 1 m langes Tier, das bis zu 8 kg wiegt. Mit der großen schwarzen Maske über Augen und Backen sieht sein Kopf sehr spaßig aus. Auf seinem Schwanz befinden sich fünf bis sieben schwarze Ringe. Er verdankt seinen Namen der Tatsache, dass er seine Nahrung vor dem Verzehr oft im Wasser wäscht. Er stammt aus Nordamerika und verbreitete sich, nachdem er von Zuchtbetrieben ausgesetzt wurde.

4 Vor dem Ausflug
Beobachten und entdecken 20
Spielen und basteln 46
60 Tiere erkennen

Register

P

R

S

T

U

V

W

Z

Fotonachweis
Alle Aufnahmen: Agence Colibri
Seite 12–13 (unten), 32, 33: Christian Bouchardy

Illustrationen
Innenteil: Hélène Appell-Mertiny, Pierre Ballouhey, Benoît Charles, Anne Eydoux, Catherine Fichaux, Noël Gouilloux, Jean Grosson, Nathalie Locoste, Frédéric Pillot, Pascal Robin, Sylvie Toussaint

Einband: Abbildungen aus dem Innenteil

Die Originalausgabe erschien unter dem Titel „Au Bord de la Rivière"
in der von Valérie Tracqui herausgegebenen Reihe
„Balades et découvertes" bei MILAN.

In neuer Rechtschreibung

Aus dem Französischen von
Miriam Magall

2. Auflage 2002

Ensslin-Anschrift: Harretstraße 6, 72800 Eningen

Fachberatung: Klaus Neff
Einbandgestaltung: Agentur Hummel & Lang
Printed in Italy

ISBN 3-401-41503-4